François de Neufchâteau
(Le Comte)

MÉMOIRE

SUR

LE PLAN

QUE L'ON POURROIT SUIVRE

*Pour parvenir à tracer le Tableau des besoins
et des ressources de l'agriculture française,*

Lu à la séance particulière de la Société royale et centrale
d'Agriculture de Paris, du 20 décembre 1815;

Par M. le comte FRANÇOIS DE NEUFCHATEAU,

Et imprimé en vertu de la délibération de cette Société pour être
inséré dans ses *Mémoires*, et envoyé aux Sociétés d'Agriculture
et aux correspondans dans tous les départemens du Royaume.

Extremum hunc, Arethusa, mihi concede laborem !
VIRGIL. *Eclog.*

A PARIS,

DE L'IMPRIMERIE DE MADAME HUZARD
(née VALLAT LA CHAPELLE),
rue de l'Éperon-Saint-André-des-Arts, N°. 7.

1816.

Extrait des Mémoires de la Société royale et centrale d'Agriculture de Paris, *tome XVIII.*

MÉMOIRE

Sur le Plan que l'on pourroit suivre pour parvenir à tracer le tableau des besoins et des ressources de l'agriculture française.

Messieurs,

L'article Ier. de l'ordonnance du Roi, du 4 juillet 1814, a autorisé la Société à reprendre le titre de Société royale d'Agriculture, qui lui avoit été conféré par Louis XV en 1761, et confirmé par Louis XVI en 1788.

L'article II veut que la Société royale continue à être le centre commun et le lien de correspondance des différentes Sociétés du royaume.

L'article III autorise la Société à inscrire le nom du Roi en qualité de protecteur, en tête de la liste de ses membres.

Sous des auspices si favorables et si augustes, la Société a senti redoubler son zèle.

Jalouse d'assurer sa marche, elle a arrêté, le 21 novembre 1814, la rédaction d'un règlement pour son organisation intérieure.

S. M. a approuvé ce règlement par une ordonnance du 4 février 1815.

A cette époque, je m'étois proposé de vous entretenir des moyens que vous avez à prendre pour justifier de plus en plus les bontés paternelles du Roi ; mais à peine la Société venoit-elle d'en recevoir un gage si précieux, que les événemens et les malheurs du mois de mars dernier vinrent la priver momentanément du titre et des attributions qu'elle avoit recouvrés. Nous n'eûmes pas même le droit de vous en féliciter, dans votre séance publique du 9 avril dernier ; et, qu'aurions-nous pu dire à la vue des désastres dont la France étoit menacée ? Condamnés au silence, plusieurs de nos collègues, et moi-même, nous avons saisi le temps des vacances de la Société, pour aller voir de près, dans plusieurs départemens, le malheureux état où l'agriculture est réduite. C'est après avoir mêlé nos larmes de douleur à celles des pauvres habitans des campagnes dévastées par la guerre, que nous revenons chercher ici quelles sont les consolations et les espérances que doit leur annoncer le retour de la paix.

Vous n'êtes rassemblés que depuis le 1er. novembre. Les traités qui fixent l'état de la

France ne sont connus que depuis le 26; et vous n'avez pu délibérer plus tôt sur le nouveau plan de travail que vous devez suivre, pour répondre d'une manière plus positive aux témoignages éclatans de la protection spéciale de Sa Majesté. Les maux publics sont grands; l'imagination même en est écrasée; mais enfin nous sommes Français, et notre sol nous reste. Où trouver le remède de ces calamités, si ce n'est dans l'agriculture exercée par un peuple brave, et protégée par un bon Roi? Sous de pareils auspices, nous entrerons avec ardeur dans la carrière où notre zèle peut servir à-la-fois le peuple et le monarque, inséparables désormais; et nous pourrons enfin lier un concert effectif avec les autres corps, occupés, comme nous, du grand art de l'agriculture dans l'étendue de ce royaume.

Ce n'est pas que, depuis dix-huit ans, vous n'ayez beaucoup travaillé. L'on seroit bien surpris de ce que vous avez pu faire, si l'on savoit au juste comment vous avez opéré, avec de si foibles moyens et si peu de faveur réelle. Mais vous n'avez jamais été à portée de tracer une direction générale de vos travaux, et de former un ensemble de vos vues. Quand vous l'auriez tenté, tous vos projets auroient toujours été s'évanouir au souffle du démon de la guerre. C'est ainsi qu'ont été écartées successivement presque toutes vos pensées, principalement vos propositions sur la nécessité et les moyens de faire entrer l'agriculture dans l'instruction publique; celle de faire servir le vaste parc, inutile et onéreux, de Chambord, à un grand établissement de cultures expérimentales et d'écoles rurales et forestières; celle de remédier au grand inconvénient des terres morcelées, en les distribuant sur un plan nouveau, d'après les exemples donnés en France sous les règnes de Louis XIV et de Louis XV (et qui sont devenus communs et populaires au pied des Alpes du Tyrol, dans les environs de Kempten, cercle de l'Iller, en Bavière); celle de rechercher les vices principaux et les besoins les plus pressans de l'agriculture française, vérités dures, mais vérités nécessaires, dont vous donnâtes le détail dans une séance publique présidée par un Ministre de l'intérieur; celle de perfectionner les races de nos bestiaux par des haras de bêtes à cornes, et d'améliorer les plantes céréales par des pépinières qui leur seroient destinées; et une foule d'autres idées que vous avez à peine eu la permission de laisser entrevoir, et que les calamités permanentes de la guerre ont toujours obligé d'ajourner indéfiniment.

Obligés de vous renfermer dans quelques détails qui sembloient ne tenir que de loin à un plan général, vous avez recueilli des faits; vous avez constaté les progrès de l'agriculture, dans certaines parties; vous avez amassé des matériaux précieux sur la statistique rurale; et vous avez remis à d'autres temps le soin d'en déduire les conséquences.

L'époque, d'ailleurs si funeste, dans laquelle nous nous trouvons, vous permet du moins d'espérer qu'enfin l'on voudra vous entendre.

Les progrès de l'agriculture demandent la certitude d'une longue paix. C'est la condition expresse et rigoureuse, sans laquelle le vœu de la prospérité rurale ne peut être rempli. Je ne sais quel poëte a dit: *O pax agricola!* et jamais épithète ne fut plus carastéristique. Mais la paix a toujours manqué en France aux intentions, plus ou moins favorables, que l'on a toujours eues en faveur du premier des arts. Notre histoire en offre des preuves réitérées depuis près de trois siècles, c'est-à-dire depuis que la renaissance des lettres et les secours de l'imprimerie ont commencé à nous ouvrir les yeux sur nos besoins et nos ressources. Car il ne faut pas croire qu'en demandant des améliorations, nous invoquions des nouveautés ; non, messieurs, nous ne voulons que l'accomplissement des souhaits formés par nos pères. Presque tout ce que l'agriculture peut désirer aujourd'hui, elle le désiroit déjà sitôt que l'on a su lire, sous Louis XII, sous François Ier, sous Henri II; elle fut même pour lors à la veille de l'obtenir, comme vous le verrez tout-à-l'heure. Elle le réclama de nouveau sous Henri IV et sous Louis XIV; mais, hélas! combien il a fallu de temps pour arriver de la pensée primitive à l'exécution, même imparfaite, par exemple, de ce canal de Languedoc, ou canal du midi, nommé *Canal royal*, qui avoit été conçu, d'une manière si grande, par François Ier, dans le seizième siècle (1), qui n'a été fait que dans le dix-septième, et qui n'est pas

---

(1) *Statuerat Franciscus I Atacem Garumnæ committere, ut ne opus esset iis qui ex portubus Galliæ Mediterraneo mari adsitis, in Oceanum aquitanicum, aut gallicum, aut germanicum proficisci vellent, Hispaniam omnem circùm-navigare, et præter itinerum moras, pericula, impensas, alieni quoque regis imperium experiri.* (PETR. BERTII, *Breviarium totius orbis terrarum*.)

encore ce qu'il pourroit et ce qu'il devroit être!

Au milieu des guerres extérieures et intérieures, il y a eu une cause, sourde et lente, de l'activité que l'agriculture a déployée, en dépit de tous les obstacles.

Les relations qui existent entre la consommation des grandes villes et la production des campagnes, ces relations fructueuses pour les unes comme pour les autres, ont été souvent méconnues et calomniées par quelques déclamateurs ignorans. Il est de fait que c'est la grandeur des cités qui fait travailler et qui anime les champs. Ainsi donc, c'est à l'accroissement successif de la population de Paris que l'on a dû les premières idées saines sur les moyens de vivifier les environs de cette capitale, dans la circonférence, toujours plus étendue, où se portoit l'influence de ses besoins. Il est curieux de voir par quels degrés longs et insensibles les progrès de la civilisation et de l'industrie ont été amenés. Jugeons-en par ce qui se passe aujourd'hui relativement au bois flotté, que je choisis pour exemple, parce que c'est le premier objet qui se présente à ma pensée.

On sait que « les marchands de bois flotté
» font venir leurs bois des provinces les plus
» éloignées, et les amènent en train sur les

» rivières. Ce moyen est simple, et il semble
» que l'on a dû y avoir recours aussitôt que
» les forêts voisines de la capitale commen-
» çoient à se détruire. Cependant ce n'est
» qu'après bien du temps, après bien des ré-
» flexions, après avoir rendu bien des ordon-
» nances sur l'entretien et l'accroissement des
» forêts, dont on appréhendoit l'entier dépé-
» rissement; et dont la consommation renché-
» rissoit de jour en jour l'approvisionnement
» de Paris, qu'un nommé *Jean Rouvet*, bour-
» geois de la même ville, imagina, en 1549,
» de faire contribuer les forêts les plus éloi-
» gnées à cet approvisionnement. Après avoir
» fait rassembler les eaux de plusieurs ruis-
» seaux et rivières non navigables, il y fit jeter
» les bois coupés dans les forêts les plus éloi-
» gnées, et les fit descendre ainsi jusqu'aux
» plus grandes rivières. Là, on en forma des
» trains, et on les amena à flot, et sans ba-
» teaux, jusqu'à Paris. » (*Dict. du Citoyen*,
tome I, *page* 146.)

Les premiers trains de bois qui arrivèrent à Paris par cette voie nouvelle furent un objet de surprise et d'admiration. *Jean Rouvet* au-rait mérité qu'on lui dressât une statue; son nom est à peine connu; mais les suites heureuses que son entreprise avoit eues, firent faire, dans ce temps-là, des réflexions très-utiles. On s'aperçut alors que le territoire français est coupé en tout sens par un grand nombre de fleuves, de rivières, de cours d'eau naturels. L'histoire, que l'on commençoit à cultiver avec plus d'attention, nous apprenoit que les Romains avoient tiré un grand parti de ces chemins d'eau, qu'ils avoient eu soin d'accommoder pour amener les richesses et l'abondance dans leur capitale. On peut voir les détails qu'en donne le savant *Bergier* (*Histoire des grands chemins de l'Empire*, tome II, page 332). On voulut se servir de cette source de richesses, depuis si long-temps négligée. Le fameux *Joseph Scaliger* a conservé le souvenir de ce qu'on voulut faire, dans un écrit remarquable, et qui a pour titre : *Discours de la jonction des mers, du desseichement des marais, et de la réparation des rivières pour les rendre navigeables* (1).

Ce discours est l'ouvrage d'un savant et d'un

---

(1) Ce morceau curieux et rare se trouve dans les *divers discours et lettres du seigneur Joseph de la Scala*, à la suite de ses opuscules latins : *Jos. Justi, Julii cæsaris à Burden filii, opuscula varia, antehac non edita*, in-4°. A Paris, 1610. (Bibliothèque Mazarine, n°. 11, 262.)

citoyen. Il parle des moyens que toutes les puissances auroient de réunir les mers par des canaux intérieurs, et spécialement de la facilité qu'auroit la Moscovie de s'emparer par-là du commerce des Indes, en le détournant des autres routes, pour lui faire suivre celle qu'elle lui ouvriroit sur son vaste territoire. En ce qui concerne la France, *Scaliger* nous apprend que
« L'an 1572, le conseil privé du Roi députa
» des hommes experts pour visiter toutes les
» rivières du royaume, et voir celles qui pourroient
» porter bateau. Ces hommes, retournés
» de cette commission, déclarèrent au
» conseil beaucoup de rivières navigeables, qui
» avoient été toujours inutiles. C'est pourquoi,
» par arrêt du privé conseil, il fust ordonné
» que les écluses des moulins seroient
» ouvertes, et tous autres empeschemens
» ostez. Quand ce vint à l'exécution, la journée
» de Saint Barthélemy rompit le col à
» toutes ces entreprises; et ainsi, les rivières,
» demeurèrent inutiles comme auparavant. »

(*Voyez la note, à la suite de ce Mémoire, page* 82).

Joseph Scaliger composoit ce discours pour réveiller l'idée de tout ce que la France pouvoit gagner sur elle-même, en s'occupant *de la jonc-*

tion des mers, du desseïchement des marais, et de la réparation des rivières pour les rendre navigeables. Il citoit pour exemple des travaux publics de ce genre, un canal qui venoit d'enrichir la Provence. Ce canal avoit pour auteur *Adam de Craponne*, homme de génie, originaire de Sallon, précédemment nommée *Vallat*. Il dériva de la Durance, entre Rognes et Cadenet, un cours d'eau qui arrose et qui rend fertiles, douze lieues d'un pays auparavant aride. Il avoit fait aussi écouler, en partie, les eaux sales des marais de Fréjus. Il avoit proposé de conduire à la ville d'Aix les eaux des deux rivières de la Durance et du Verdon. Il étoit convaincu de ce que *Scaliger* prononçe à cette occasion : « Qu'il n'est rien si difficile » que l'industrie humaine ne facilite, par quoi » la négligence n'a point d'excuse, quand la » chose est faisable. » Mais *Adam de Craponne* mourut, avant le temps, victime des ingénieurs italiens de *Catherine de Médicis*. Son canal subsiste aujourd'hui, ses autres projets ne furent pas exécutés. J'ai engagé l'Académie de Marseille à proposer son éloge pour le sujet d'un de ses prix.

La fermentation que ces idées utiles avoient fait naître en France, se réveilla très-fortement sous le règne de Henri IV. Après le traité de Vervins, Henri IV et Sully appelèrent des Hollandais pour dessécher les marais de Saintonge; on publia de beaux édits pour encourager ceux qui voudroient en dessécher d'autres. On fit le canal de Briare, qui étoit en projet depuis le règne d'Henri III, et sur lequel je dois citer une note fort importante d'un de nos collègues (M. *Rougier de la Bergerie*).

« On ne peut se faire une idée des obstacles
» en tout genre qu'il fallut vaincre pour achever
» ce grand ouvrage; on fut obligé d'envoyer des
» troupes contre le duc de Châtillon, qui faisoit
» tirer sur les ouvriers travaillant dans son du-
» ché. De toutes parts, les propriétaires jetoient
» les hauts cris, parce qu'on traversoit leurs
» terres, leurs prés ou leurs jardins.

» En ouvrant ce canal on avoit trop compté
» sur des amas d'eau adventices au point de
» partage; les sécheresses et les glaces arrê-
» toient la navigation la moitié de l'année. Un
» simple paysan, sachant à peine lire et écrire,
» offrit aux entrepreneurs de conduire la ri-
» vière du Loing au sommet du Rondeau pour
» former les sept écluses de Rogny, dont la
» première est à plus de cent pieds au-dessus
» du cours naturel de la même rivière.

» Cet homme simple, et pourtant admirable,
» s'appeloit *Durand*; et l'on peut bien croire
» qu'il n'a pas même une place dans nos
» biographies. Il détourna le Loing, suivit
» toutes les sinuosités des coteaux, doubla tous
» les angles, jeta hardiment des digues pour
» joindre les vallées; une terre corroyée et
» battue en fut le premier soutien, et dure
» encore; nuls travaux d'art, pas même des
» vannes, n'attirent et n'élèvent les eaux.
» C'est à cet ouvrage simple et inconcevable
» que le canal de Briare doit aujourd'hui son
» existence, et la ville de Paris une grande
» partie de son approvisionnement. » (*Géorgiques françaises*, note 13, chant 3.)

Pendant que l'on réunissoit ainsi la Loire avec la Seine, le président *Jeannin* indiquoit un autre moyen de joindre la Saône à la Loire, en prenant pour point de partage le lac de Long-Pendu, qui se trouve à huit lieues de l'un et de l'autre fleuve : projet, qu'on a exécuté d'une manière différente sur la fin du siècle dernier, sous le nom de canal du Centre ou de canal du Charollais. Il faut voir avec quels éloges et quel enthousiasme les contemporains s'exprimoient sur cette découverte du président *Jeannin*. Henri IV en avoit saisi vivement l'importance ; il vouloit faire une grande ville de ce village de Digoin où le canal devoit se rendre, et se rend en effet dans la Loire (1). Ce grand prince accueilloit toutes les idées de ce genre : il avoit ordonné que la ville d'Hières seroit débarrassée du marais détestable qui règne devant cette ville, sur les bords de la mer, et qui infecte et empoisonne le plus beau de tous les séjours; mais au moment où l'on alloit réaliser toutes ses vues, Henri-le-Grand tomba sous le poignard du fanatisme. Les députés d'Hières arrivoient à Paris précisément le même jour de l'attentat

---

(1) *Quin et nostro hoc sœculo præsidis Jeannini sagaci industriâ inventa est ratio jungendi Ararim cum Ligeri, beneficio lacûs cujusdam in Burgundiâ, pari ferè octo leucarum intervallo utrimque ab istis amnibus siti, ut itâ ex Massiliâ, portubusque vicinis subactæ naves in Rhodanum, ex Rhodano in Ararim, ex Arari in eum quem dixi locum pervenirent, unde posteà in Ligerim, inque Oceanum secundo amni descenderent. Lacum vocant* Long-Pendu..... *Si ad ceteras Galliæ laudes, de quibus suo loco breviter dixi, hæc una posset accedere, haberet procul dubio Gallia regis beneficio compendiosam, commodam et fructuosam mercium suarum transportandarum rationem, etc.* (Petr. BERTII, *Breviarium totius orbis terrarum, apud Elzevirios.*)

de *Ravaillac* (14 mai 1610). C'étoit aussi dans cette année que l'on imprimoit le discours de *Joseph Scaliger,* dont je vous ai rendu compte. Tout cela devint inutile.

Le règne de Louis XIV auroit été sans doute encore plus propice à toutes ces grandes pensées d'un bon Gouvernement, si l'amour de la guerre ne l'eût pas emporté sur les arts de la paix. Ce monarque adopta les plans d'un canal de Provence, qui ne fut pas exécuté; celui du Languedoc le fut et fit dire à *Boileau,* digne organe des sentimens d'admiration de son siècle :

> J'entends déjà frémir les deux mers étonnées
> De voir leurs flots unis aux pieds des Pyrénées.

Ces deux vers sont très-beaux; cependant le canal est loin de les justifier. Il est fort au-dessous de ce qu'il eût été si l'on avoit suivi la pensée de François Ier., et les conseils qui furent donnés à *Riquet* par *Vauban*.

Vauban fut un grand homme, et, comme l'a dit *Fontenelle,* citoyen sous un Roi. Lorsqu'il fut rendu à lui-même par la paix de Rysvick, il se retira dans ses terres qu'il avoit en Bourgogne, et chercha là, comment il rendroit sa retraite et ses loisirs mêmes utiles à la France et au Roi, dans lequel il voyoit toujours la patrie.

Pour être au-dessus de son siècle, il faut d'abord être au niveau des connoissances de son siècle. *Vauban* commença donc par se procurer les lumières qui avoient trait à son objet, en étudiant les ouvrages qui venoient de paroître, sur ce que les Anglais nommoient l'*arithmétique politique*.

C'est une idée ingénieuse, il faut en convenir, d'avoir appliqué aux problèmes de l'économie politique les recherches et les calculs qui forment, en effet, la sonde ou la pierre de touche de toutes les sciences. Il n'est presque rien qui ne puisse être traité ainsi et se réduire en chiffres.

L'arithmétique politique peut être définie : La science de calculer tout ce qui a rapport à l'art de gouverner les peuples.

Le but de ses recherches est de savoir le nombre d'hommes qui habitent dans un pays; la quantité de nourriture qu'ils doivent consommer; le travail qu'on peut en attendre; le temps qu'ils ont à vivre; l'étendue et le prix des terres qu'ils cultivent; les revenus publics, etc.

Le monde politique peut, à beaucoup d'égards, se régler comme le physique, par poids, nombre et mesure ; mais la science sociale embrasse néanmoins beaucoup d'objets moraux, qui ne paroissent pas se prêter aussi aisément à l'art qui ne voit que des nombres, et qui fait tout entrer dans la machine arithmétique.

Quoi qu'il en soit, dans le temps même où *Vauban* s'occupoit de méditations paisibles, au sein du château de Bazoche, le chevalier *Petty*, anglais, connu par un beau plan sur l'éducation du peuple (1), avoit aussi donné des essais curieux d'arithmétique politique. Ses calculs, comme on le croit bien, sont dirigés contre la France (on en trouve un extrait dans l'*Encyclopédie*, tome Ier, page 678 ; et tome XII, page 919).

Les calculs de *Petty* et ceux de *Davenant*, de *Grant*, peuvent être fautifs, même pour l'époque éloignée à laquelle ils parurent pour la première fois ; mais il n'en est pas moins curieux d'en connoître les résultats, de vérifier les réponses que le Français *Auzout*, et d'autres, leur opposèrent dans le temps ; et de

―――――――――――――
(1) Ses vues à ce sujet sont consignées dans un article du supplément de *Chauffepié*, au *Dictionnaire de Bayle*.

2 *

comparer les données de ces premiers essais avec les notions de la statistique moderne.

On peut bien croire que *Vauban* dévora l'écrit de *Petty*. Il vit que cet Anglais, anti-gallican prononcé, vouloit montrer par ses calculs :

Que la Hollande, avec un territoire qui n'étoit que le huitième de la France, étoit presque un tiers aussi riche et aussi forte que la France ;

Que les rentes ou revenus des terres en Hollande étoient à nos terres de France comme de 7 ou 8 à 1 ;

Que tous les ans, par des défauts d'administration, l'Hôtel-Dieu de Paris perdoit trois mille individus ;

Qu'il y avoit alors dans les trois royaumes d'Angleterre, d'Écosse et d'Irlande, environ vingt mille prêtres, et en France environ deux cent soixante-dix mille ;

Que dans le même temps, la France n'employoit pour toute sa navigation que quinze mille hommes, dont dix mille Français, tandis que l'Angleterre entretenoit quarante mille hommes de mer ;

Que dans tout le monde, il y avoit environ trois cent millions d'hommes, parmi lesquels ceux avec qui les Anglais et les Hollandais avoient quelque commerce n'alloient pas à plus de quatre-vingt millions ; et qu'il falloit en conséquence se presser d'augmenter le capital de l'Angleterre, pour la mettre en état de faire à elle seule tout le trafic du monde entier, etc.

Davenant avoit prétendu rectifier, en plusieurs points, les calculs de *Petty*. Il estimoit que si le terrein de toute l'Angleterre étoit distribué également entre tous ses habitans, chacun d'eux en auroit 7 acres $\frac{1}{2}$, environ 7 acres par tête, etc.

A ces données, venues de l'autre côté de la Manche, *Vauban* joignit encore les notions nouvelles que répandoient alors de célèbres voyageurs et de savans missionnaires, sur les progrès que l'art de gouverner les peuples et d'administrer les royaumes avoit faits, dès long-temps, en diverses contrées, et sur-tout dans l'antique et vaste empire des Chinois.

C'est à la Chine que l'Europe a été redevable des premières idées de ce qu'on nomme statistique, ou géographie politique, et par conséquent des calculs fondés sur cette base.

L'histoire des Chinois, supérieure à celle de tous les autres peuples, est partagée en plusieurs classes ; la onzième est la géographie, que l'on nomme *ti-li*. M. de *Guignes* en décrit la richesse, dans son *Idée de la littérature chinoise en général* (*Mémoires de l'Académie des Inscriptions*, tome 36, pag. 190).

« Je ne crois pas, dit ce savant, qu'il y ait
» de nation qui ait décrit son pays avec tant de
» soin et d'exactitude. L'analyse d'un ouvrage
» de cette espèce, qui est depuis peu à la Bi-
» bliothèque du Roi, donnera une idée de
» leur attention à cet égard. Il porte le titre
» général de *Tong-tchi*, ou de connoissance
» exacte. C'est un recueil de différens ou-
» vrages, dont chacun contient la description
» d'une des quinze provinces de l'Empire. Il a
» été fait sous la dynastie régnante, par ordre
» de l'Empereur, à l'usage des principaux of-
» ficiers de chacune de ces provinces, afin que
» lorsqu'ils paroissent devant ce prince, ils
» soient en état de répondre à toutes les ques-
» tions qu'il pourroit leur faire : une réponse
» peu exacte causeroit la perte de leurs places.

» Ces quinze ouvrages forment un recueil
» de cinquante-deux enveloppes chinoises,
» c'est-à-dire, de plus de trois cents volumes;
» et ils ont été faits par différens auteurs, qui
» n'ont rien négligé de ce qui concerne la pro-
» vince dont ils étoient chargés de donner la

» description. Dans chaque ouvrage on trouve
» la carte géographique de la province entière,
» le plan de toutes les villes du premier ordre
» et de leurs environs ; celui des bâtimens re-
» marquables, comme temples, ports, pa-
» lais, etc., quelques vues de montagnes et
» des cours des fleuves. On y donne l'état du
» ciel relativement à la province ; les observa-
» tions astronomiques, une suite exacte de
» tous les phénomènes, des débordemens, des
» épidémies, des tremblemens de terre, des
» famines, etc. De là, on passe à la géogra-
» phie ancienne et moderne, en donnant toutes
» les différentes divisions de la province, sui-
» vant les différens siècles, les changemens
» de nom ; car à la Chine, les villes de pro-
» vince ont presque changé autant de fois de
» nom qu'il y a eu de dynasties ; ce qui rend
» l'étude de la géographie assez difficile. On
» indique la situation de toutes les villes, re-
» lativement à celles du premier ordre dont
» elles dépendent, les montagnes, les rivières,
» les lacs, les gorges qui servent de passage,
» et les ponts ; on fait connoître en quel temps
» les murailles des villes ont été construites
» ou rétablies ; on parle de même de tous les
» bâtimens publics, comme temples, salles,

» colléges de toute espèce, tribunaux, tom-
» beaux, etc. On rapporte le dénombrement
» des troupes, celui des peuples; on indique
» les tributs et les productions de la province,
» les minéraux, les végétaux, les animaux;
» on parle des hommes célèbres qui en sont
» sortis, en commençant par les empereurs et
» les princes; on donne la liste de tous les of-
» ficiers qui ont gouverné successivement la
» province; on termine cette description par
» une histoire abrégée des hommes et des
» femmes qui se sont distingués dans les sciences
» et les arts. On commence pour tous ces dif-
» férens objets à la fondation de l'empire, et
» on finit au règne de Kang-hi, sous lequel
» cette description a été faite. On a, par consé-
» quent, dans cet ouvrage, un état exact de
» la Chine, telle qu'elle a été successivement
» dans tous les siècles jusque vers l'an 1600
» de Jésus-Christ.

» Les dynasties précédentes ont été égale-
» ment curieuses de faire composer de sem-
» blables descriptions. La Bibliothèque du Roi
» en possède encore une publiée sous les *Ming*;
» elle renferme à-peu-près les mêmes objets,
» mais avec moins d'étendue, puisqu'elle n'est
» qu'en quarante-neuf volumes. »

Cette perfection de la géographie n'a pas servi chez les Chinois à satisfaire seulement les hommes curieux de connoître d'abord le pays même où ils sont nés ; elle a eu un but plus utile. Les savans de la Chine, qui sont ses grands fonctionnaires, sous le titre de mandarins, veulent que toutes les sciences se rapportent au grand principe de l'utilité de l'empire ; et de la notion exacte de toutes les localités ils ont tiré, depuis vingt siècles, cette conséquence importante, qu'il falloit, avant tout, multiplier les grandes routes, et perfectionner la navigation des fleuves de l'intérieur. Ils ont douze cents grandes routes. En outre, il existe à la Chine un peuple aussi immense, vivant uniquement sur l'eau, qu'il y a d'habitans qui restent sur la terre. On ne sauroit trop admirer ce que les voyageurs appellent les *flottes des Chinois.*

« On nomme ainsi un certain nombre de
» bâtimens chinois, qui se rassemblent pour
» traverser les rivières et les lacs de ce vaste
» empire, et verser dans une province les marchandises qu'ils ont recueillies dans une
» autre. Ces flottes, ou plutôt ces villes flottantes, ont leurs lois, leurs magistrats et
» leur police particulière. Chaque bâtiment

» est une maison, où l'on trouve des maga-
» sins, des ateliers, une boutique avec son
» enseigne. Les habitans des provinces où ces
» bâtimens s'arrêtent, vont les joindre pen-
» dant le jour, et en rapportent ce qui leur
» convient. La nuit, les avenues des rues de
» ces villes flottantes sont fermées. » (*Dictionnaire du Citoyen*, tome 1, page 393.)

J'abrège à regret ces détails, qui ne sont pas toujours assez présens à la pensée des habitans de notre Europe, ni sur-tout assez médités par ceux de notre France.

La connoissance que *Vauban* acquit par les ouvrages des jésuites. *Kirker*, *Lecomte* et *Bouvet* (1), de ces descriptions géographiques de la Chine, lui fit naître l'idée d'essayer quelque chose, absolument du même genre, sur le pays qu'il habitoit; il parcourut dans cette vue tous les lieux qui formoient alors l'élec-

---

(1) *Kircheri China, monumentis illustrata*. Amsterdam, 1667. in-folio.

Nouveaux mémoires sur l'état présent de la Chine; par *Louis Lecomte*. Amsterdam, 1693. 3 vol. in-12.

Etat présent de la Chine, et figures; par *J. Bouvet*. Paris, 1697. in-folio.

L'ouvrage du Père *du Halde* est beaucoup plus complet, mais postérieur à *Vauban*.

tion de Vezelai, et il en composa une description qui est demeurée manuscrite; mais je l'ai sauvée du naufrage dont étoit menacé le recueil qu'il avoit modestement intitulé *Mes Oisivetés*; et je m'estime heureux de pouvoir la mettre aujourd'hui sous les yeux d'une compagnie si digne de l'apprécier, et de sentir les conséquences que l'on peut en tirer, non pas précisément pour la géographie qui n'est pas ici mon objet, mais pour l'agriculture et pour l'économie rurale, but de votre institution, et seule planche de salut qui reste aujourd'hui à la France dans le naufrage épouvantable qu'elle vient d'éprouver.

Les circonstances dans lesquelles *Vauban* visita en détail l'élection de Vezelai, ressembloient, sous quelques rapports, à la triste époque où nous sommes. La France, long-temps triomphante, étoit très-malheureuse. Une mortalité cruelle avoit régné par-tout en 1693. Les suites de la révocation de l'édit de Nantes avoient dépeuplé le royaume pour enrichir d'autres pays. Enfin, Louis XIV précipitoit la paix, malgré lui, pour venir au secours de son peuple, et se déterminoit à rendre toutes ses conquêtes. *Vauban* voulut sonder les plaies de sa patrie, et chercher, s'il étoit possible, de les cicatriser. Il jeta naturellement les yeux autour de lui ; ces yeux savoient bien voir, et leur attention produisit le beau monument que je dépose entre vos mains.

Description géographique de l'élection de Vezelai, contenant ses revenus, sa qualité; les mœurs de ses habitans; leur pauvreté et richesse; la fertilité du pays, et ce que l'on pourroit y faire pour en corriger la stérilité, et procurer l'augmentation des peuples, et l'accroissement des bestiaux.

Tirée des *Oisivetés de Vauban*, et composée par lui en 1696.

L'élection de Vezelai est de la province de Nivernois, de l'évêché d'Autun, de la généralité et ressort de Paris ; et la ville de Vezelai du gouvernement de Champagne. Elle est bornée au nord par l'élection de Tonnerre, à l'est par le duché de Bourgogne, à l'ouest par les élections de Nevers et de Clameci, et au sud par celle de Chatel-Chinon.

Elle a quelque neuf, dix à onze lieues de longueur sur quatre à cinq de largeur ; en tout quarante lieues carrées de vingt-cinq au degré, en ce compris les parties séparées de son continent.

Son composé est d'autant plus bizarre que, toute petite qu'elle est, elle contient plusieurs enclavemens des élections voisines, dans lesquelles elle en a aussi de fort écartées, sans qu'on en puisse rendre raison, si ce n'est que quand on l'a formée, il se peut que les seigneurs, hors œuvre, ont eu des raisons pour désirer que leurs terres fussent de cette élection, à cause du ressort de Paris; mais on est à même temps tombé dans l'inconvénient de rendre les exploitations qui se font pour cause de la levée des tailles beaucoup plus à charge, à cause des paroisses éloignées du siége de l'élection (défaut qui a besoin d'être corrigé, aussi bien que tous ceux qui lui ressembleront ailleurs).

Partie de ses paroisses sont situées en Morvand, partie sont mélangées de Morvand et de bon pays, et les autres entièrement dans le bon pays, qui ne l'est que par rapport au Morvand, qui est très-mauvais. Celui-ci est considérablement plus bossillé et élevé que le bon pays, bien que l'un et l'autre le soient beaucoup.

C'est un terroir aréneux et pierreux, en

partie couvert de bois, genêts, ronces, fougères, et autres méchantes épines; où on ne laboure les terres que de six à sept ans l'un; encore ne rapportent-elles que du seigle, de l'avoine et du blé noir, pour environ la moitié de leurs habitans, qui, sans la nourriture du bétail, le flottage et la coupe des bois, auroient beaucoup de peine à subsister.

Dans les paroisses mélangées, il y croît un peu de froment et de vin; et quand les années sont bonnes, on y en recueille assez pour la nourriture des peuples, mais non pour en commercer.

Dans celles du bon pays, les terres sont fortes et spongieuses, chères et difficiles à labourer; celles qui le sont moins, sont pierreuses, et pleines de lave : c'est une espèce de pierre plate dont on couvre les maisons, qui est fort dommageable dans les terres où elle se trouve; c'est quand elle paroît à découvert sur la superficie de la terre, ou quand elle est couverte de 3, 4, 5 à 6 pouces d'épais, parce que les rayons du soleil venant à pénétrer le peu de terre qui les couvrent, échauffent tellement la pierre, qu'elle brûle la racine des blés qui se trouvent au-dessus, et les empêche de profiter.

Le labourage des terres se fait avec des bœufs, de six, huit et dix à la charrue, selon que les terres sont plus ou moins fortes; leur rapport ne va guère par commune année, à plus de $3\frac{1}{2}$ pour 1, les semences payées; quelquefois plus, quelquefois moins.

Le pays est par-tout bossillé, comme nous avons dit; mais plus en Morvand qu'ailleurs. Les hauts, où sont les plaines, sont spacieux, secs, pierreux et peu fertiles; les fonds le sont davantage, mais ils sont petits et étroits : les rampes participent de l'un et de l'autre, selon qu'elles sont plus ou moins roides, et bien ou mal cultivées.

Le pays est fort entrecoupé de fontaines, ruisseaux et rivières, mais tous petits, comme étant près de leurs sources.

Les deux rivières d'Yonne et de Cure, qui sont les deux plus grandes, peuvent être considérées comme les nourrices du pays, à cause du flottage des bois : on pourroit même les rendre navigables, l'une jusqu'à Corbigni, et l'autre jusqu'à Vezelai, ce qui seroit très-utile au pays; les petites rivières de Cuzon, de Brangeame, Danguison, du Golot, Darmancé, sont de quelque considération pour le flottage des bois.

Il y a encore plusieurs autres ruisseaux moindres que ceux-là, qui font tourner des moulins, et servent aussi au flottage des bois, quand les eaux sont grosses, à l'aide des étangs que l'on a faits dessus. On en pourroit faire de grands arrosemens, qui augmenteroient de beaucoup la fertilité des terres, et l'abondance des fourrages, qui est très-médiocre en ce pays-là; de même que celle des bestiaux, qui y croissent petits, et si foibles, qu'on est obligé de tirer les bêtes de labour d'ailleurs, ceux du pays n'ayant pas assez de force ; les vaches même y sont petites, et six ne fournissent pas tant de lait qu'une de Flandre; encore est-il de bien moindre qualité.

Il y vient très-peu de chevaux, et ceux qu'on y trouve sont de mauvaise qualité, et propres à peu de chose, parce qu'on ne se donne pas la peine ni aucune application pour en avoir de bons; les paysans étant trop pauvres pour pouvoir attendre un cheval quatre ou cinq ans; à deux, ils s'en défont, et à trois, on les fait travailler, même couvrir; ce qui est cause que très-rarement il s'y en trouve de bons.

La brebialle y profite peu, parce qu'elle n'est point soignée, ni gardée en troupeaux par des bergers intelligens, chacun ayant soin des siennes comme il l'entend. Elles sont toutes mal établies ; toujours à demi dépouillées de leur laine par les épines des lieux où elles vont paître, sans qu'on apporte aucun soin ni industrie pour les mieux entretenir.

Bien qu'il y ait quantité de bourriques dans le pays, on n'y fait pas un seul mulet ; soit faute d'industrie de la part des habitans, ou parce qu'ils deviendroient trop petits.

Pour des porcs, on en élève, comme ailleurs, dans les métairies, et chez les particuliers ; mais non tant que du passé, parce qu'il n'y a plus ni glands, ni faînes, ni châtaignes dans le pays, où il y en avoit anciennement beaucoup.

Il y auroit assez de gibier et de venaison, si les loups et les renards, dont le pays est plein, ne les diminuoient considérablement, aussi bien que les paysans, qui sont presque tous chasseurs, directement ou indirectement.

Les mêmes loups font encore un tort considérable aux bestiaux, dont ils blessent, tuent et mangent une grande quantité tous les ans, sans qu'il soit guère possible d'y remédier, à cause de la grande étendue des bois, dont le pays est presque à demi couvert.

Nous distinguerons ces bois en trois espèces ; savoir : en bois taillis, bois de futaie, et bois d'usage. Il y a soixante à soixante-dix ans que la moitié ou les deux tiers des bois étoient en futaie; présentement, il n'y a plus que des bois taillis, où les ordonnances sont fort mal observées. Les marchands qui achètent les coupes sur pied, abattent indifféremment les baliveaux, anciens et modernes, et n'en laissent que de l'âge du taillis, et sans choix, parce qu'ils se soucient peu de ce que cela deviendra après que les ventes seront vidées, et leurs marchés consommés.

Il n'y a plus de futaie présentement, et c'est une chose assez étrange, que dans l'étendue de cinquante-quatre paroisses, où il y a plus de trente-sept mille arpens de bois, il ne s'y en soit trouvé que huit de futaie.

Les bois d'usage, dont il y a quantité en ce pays-là, sont absolument gâtés, parce que les paysans y coupent, en tout temps, à discrétion, sans aucun égard, et qui plus est, y laissent aller les bestiaux, qui achèvent de les ruiner.

Il arrive donc par les inobservations des ordonnances, que, dans un pays naturellement couvert de bois, on n'y en trouve plus de propres à bâtir, ce qui est, en partie, cause qu'on ne rétablit pas les maisons qui tombent, ou qu'on le fait mal; car il est vrai de dire que les bois à bâtir n'y sont guère moins rares qu'à Paris: on ne sait ce que c'est que grurie, grairie, tiers et danger dans cette élection.

Le pays, en général, est mauvais, bien qu'il y ait de toutes choses un peu; l'air y est bon et sain; les eaux par-tout bonnes à boire, mais meilleures et plus abondantes en Morvand qu'en bon pays. Les hommes y viennent grands et assez bien faits, et assez bons hommes de guerre, quand ils sont une fois dépaysés; mais les terres y sont très-mal cultivées; les habitans lâches et paresseux, jusqu'à ne se pas donner la peine d'ôter une pierre de leurs héritages, dans lesquels la plupart laissent gagner les ronces et méchans arbustes. Ils sont d'ailleurs sans industrie, arts ni manufactures aucunes qui puissent remplir les vides de leur vie, et gagner quelque chose pour les aider à subsister; ce qui provient apparemment de la mauvaise nourriture qu'ils prennent; car tout ce qui s'appelle bas peuple, ne vit que de pain d'orge et d'avoine, dont ils n'ôtent pas même le son, ce qui fait qu'il y a tel pain qu'on peut lever par les pailles d'avoine dont il est mêlé. Ils se nourrissent encore de mauvais fruits, la plupart sauvages, et de quelque peu d'herbes potagères de leurs jardins, cuites à l'eau, avec un peu d'huile de noix, ou de navette, le plus souvent, sans, ou avec très-peu de sel ; il n'y a que les plus aisés qui mangent du pain de seigle, mêlé d'orge et de froment.

Les vins y sont médiocres, et ont presque tous un goût de terroir qui les rend désagréables.

Le commun du peuple en boit rarement, ne mange pas trois fois de la viande en un an, et use peu de sel, ce qui se prouve par le débit qui s'en fait : car, si douze personnes du commun peuvent, ou doivent consommer un minot de sel par an, pour le pot et la salière seulement, vingt-deux mille cinq cents personnes qu'il y a dans cette élection, devroient en consommer, à proportion, dix-huit cent soixante-quinze, au lieu de quoi ils n'en consomment pas quinze cents, ce qui se prouve par les extraits du grenier à sel. Il ne faut donc pas s'étonner si des peuples si mal nourris ont si peu de force; à quoi il faut ajouter, que ce qu'ils souffrent de la nudité y contribue beaucoup ; les trois quarts n'étant vêtus, hiver et été, que de toile à demi pourrie et déchirée, et chaussés de sabots, dans lesquels ils ont le pied nu toute l'année.

Que si quelqu'un d'eux a des souliers, il ne

les met que les jours de fêtes et dimanches. L'extrême pauvreté où ils sont réduits (car ils ne possèdent pas un pouce de terre), retombe, par contre-coup, sur les bourgeois des villes et de la campagne, qui sont un peu aisés, et sur la noblesse et le clergé; parce que, prenant leurs terres à bail de métairie, il faut que le maître qui veut avoir un nouveau métayer, commence par le dégager, et payer ses débets; garnir sa métairie de bestiaux, et le nourrir lui et sa famille, une année d'avance, à ses dépens; et comme ce métayer n'a, pour l'ordinaire, pas de bien qui puisse répondre de sa conduite, il fait ce qu'il lui plaît, et se met souvent peu en peine qui paiera ses débets; ce qui est très-incommode pour tous ceux qui ont des fonds de terre, qui ne reçoivent jamais la juste valeur de leur revenu, et essuient souvent de grandes pertes par les fréquentes banqueroutes de ces gens-là.

Le pauvre peuple y est encore accablé d'une autre façon par les prêts de blés et d'argent, que les aisés leur font dans leur besoin, au moyen desquels ils exercent une grosse usure sur eux, sous le nom de présens qu'ils se font donner après les termes de leur créance échus, pour éviter la contrainte; lequel terme n'étant allongé que de trois ou quatre mois ; il faut un autre présent au bout de ce temps-là, ou essuyer le sergent, qui ne manque pas de faire maison nette. Beaucoup d'autres vexations de ces pauvres gens demeurent au bout de ma plume, pour n'offenser personne.

Comme on ne peut que repousser la misère plus loin, elle ne manque pas aussi de produire les effets qui lui sont ordinaires, qui sont, premièrement, de rendre les peuples foibles et malsains, spécialement les enfans, dont il en meurt beaucoup, par défaut de bonne nourriture ; secondement, les hommes fainéans et découragés, comme gens persuadés que du fruit de leur travail, il n'y aura que la moindre et plus mauvaise partie qui tourne à leur profit ; troisièmement, menteurs, larrons, gens de mauvaise foi, toujours prêts à jurer faux, pourvu qu'on les paye, et à s'enivrer, sitôt qu'ils peuvent avoir de quoi. Voilà le caractère du bas peuple ; qui cependant des huit parties, fait *la septième* (remarque qui mérite considération).

L'autre partie, qui est la moyenne, vit comme elle peut de son industrie, ou de ses rentes ; toujours accablée de procès entre eux, ou contre la basse, qui est le menu peuple, ou contre la haute, qui sont les ecclésiastiques et les nobles, soit en demandant ou en défendant ; n'y ayant pas de pays dans le royaume où on ait plus d'inclination à plaider que dans celui-là ; jusque-là, qu'il s'y en trouve assez qui, manquant d'affaires pour eux, se chargent volontairement, mais non gratuitement, de celles des autres, pour exercer leur savoir-faire.

Au surplus, il y a dans cette élection deux cent cinq personnes ecclésiastiques ; savoir :

Soixante-dix-neuf curés, vicaires, ou prêtres séculiers ;

Cinquante-sept religieux de différens ordres, et soixante-neuf religieuses.

Voilà en quoi consistent tous les ecclésiastiques de l'élection.

Il y a quarante huit familles de nobles dans ladite élection, parmi lesquelles il y en a trois ou quatre qui se soutiennent ; tout le reste est pauvre et très-mal aisé, ayant la plupart de leur bien en décret : il y en a fort peu de titrées.

Vingt-deux d'exemptes par acquisition de charges tant vieilles que nouvelles.

Deux cent cinquante-sept de gens aisés ; c'est-à-dire de ceux qui sont entre l'artisan et le plus accommodé bourgeois.

Quarante-deux de nouveaux convertis qui peuvent faire quelque cent quatre-vingts personnes de tous âges et de tous sexes.

Quatre-vingt-douze de judicature exerçant les justices subalternes du pays, qui sont tous baillis, lieutenans, procureurs, greffiers, notaires et sergens.

Cinquante-cinq de négocians qui font commerce de bois, de bestiaux et de quelques merceries ; le reste est peu de chose.

Quatre cent quarante-une familles de mendians, qui font près de deux mille personnes, c'est-à-dire la onzième partie du tout ; le surplus du bas peuple est si pauvre que, s'ils ne sont pas encore réduits à la mendicité, ils en sont fort près.

Cinq cent onze maisons en ruine et inhabitables, et deux cent quarante-huit vides, dans lesquelles il ne loge personne ; le tout faisant sept cent cinquante-neuf, qui est environ la septième partie du tout (marque évidente de la diminution du peuple).

Il y a de plus quarante-quatre mille soixante-quatorze arpens de terre labourable dans cette élection, dont cinq mille sept cent soixante-quinze en friche, ou déserts ; ce qui en fait à-peu-près la septième partie ; et quatre mille cent vingt-un arpens de vigne, dont sept cent cinquante-quatre en friche, qui font la cinquième partie et un peu plus ; cela joint à l'abandon et ruine des maisons, et à ce que les terres en nature sont très-mal cultivées, marque évidemment le dépérissement du peuple.

Sur vingt-deux mille cinq cents personnes de tous âges et de tous sexes qui se trouvent dans cette élection, il y a trois cent sept femmes plus que d'hommes, cent trente-trois filles à marier plus que de garçons ; mais en récompense quatre cent dix-huit petits garçons plus que de petites filles, et cent quatre-vingt-huit valets plus que de servantes ; ce qui prouve d'un côté la dissipation des hommes, et de l'autre que le pays produit naturellement plus de garçons que de filles ; cela se trouve peu dans les autres provinces du royaume, où il naît ordinairement plus de filles que de garçons.

Voilà une véritable et sincère description de ce petit et mauvais pays, faite après une très-exacte recherche, fondée, non sur de simples estimations presque toujours fautives, mais sur un bon dénombrement en forme et bien rectifié.

Au surplus, ce pays seroit très-capable d'une grande amélioration si, au lieu de toutes les différentes levées de deniers qui se font pour le compte du Roi, par des voies arbitraires qui ont donné lieu à toutes les vexations et voleries qui s'y font depuis si long-temps, on faisoit :

1°. Une recherche exacte du revenu des fonds de terre et de bestiaux en nature, et de l'industrie des arts et métiers qui s'y professent; qu'on réglât ensuite les impositions sur le vingtième des revenus, sans autre égard que celui d'imposer légalement sur tous les biens apparens d'un chacun, exempts de frais et de violence ;

2°. Si on trouvoit moyen d'abréger les procès par imposer quelque rude châtiment tant à ceux qui jugent mal, par corruption ou négligence, qu'à ceux qui plaident de mauvaise foi et par obstination ;

3°. Si le Roi, bien persuadé que la grandeur de ses pareils se mesure par le nombre des sujets, commettoit d'habiles intendans, gens de bien, pour avoir soin d'économiser les pays et les mettre en valeur, tant par l'amélioration de la culture des terres et augmentation des bestiaux, que pour y introduire des arts et manufactures propres au pays;

4°. Si on tenoit de plus près la main à l'observation des ordonnances touchant la coupe des bois ;

5°. Si on rendoit les rivières d'Yonne et de Cure navigables aussi loin qu'elles pourroient être nécessaires au pays ;

6°. Si on y faisoit faire quantité d'arrosemens qui pourroient augmenter la fertilité des terres et l'abondance des fourrages presque de moitié, et en même temps le nombre des bestiaux, ce qui produiroit trois profits considérables :

Premièrement, par de plus grandes ventes de bestiaux ;

Deuxièmement, par le laitage qui contribue beaucoup à la nourriture des peuples, spécialement des enfans ;

Et troisièmement, par les fumiers qui augmenteroient de beaucoup la fertilité des terres ;

7°. Et pour ne pas demeurer en si beau chemin, ne pourroit-on pas ajouter, que si on réduisoit toutes les mesures de l'élection et même celles de tout le royaume à une seule de chaque différente espèce, avec les subdivisions nécessaires, sans égard aux mauvaises objections qu'on pourroit faire en faveur du commerce, qui sont tous fausses et ne favorisent que les fripons ;

8°. Si on réduisoit toutes les différentes coutumes en une qui fût universelle, et la seule dont il fût permis de se servir;

9°. Si Dieu donnant la paix à ce royaume, Sa Majesté faisoit sa principale application d'acquitter les dettes de l'Etat et de l'affranchir de toutes les charges extraordinaires dont il est accablé, à l'occasion de la guerre présente et passée, sans autre distraction que du paiement des gens de guerre entretenus et des charges et dépenses absolument nécessaires;

10°. Si le Roi établissoit une chambre de commerce et de manufacture, composée de quatre ou cinq vieux conseillers d'état et d'autant de maîtres de requêtes qui eussent leurs correspondances bien établies par toutes les villes commerçables de ce royaume, et dont la seule application fût de diriger ledit commerce, l'accroître, le protéger et maintenir; recevant, sur cela, les avis des plus forts négocians, et entretenant de bonnes correspondances avec ceux des pays étrangers;

11°. Si Sa Majesté, achetant toutes les salines du royaume, gardoit seulement les nécessaires, les faisant environner de remparts et de fossés pour la sûreté, en y établissant des garnisons et des magasins, pour de là distribuer le sel aux étrangers et à tout le royaume, à un prix bien au-dessous de celui d'à-présent, supprimant toutes les exceptions des pays de franc-salé, sous des prétextes raisonnables, et le rendant commun à toute la France, qui sans être écrasée de son poids, le porteroit aisément, et feroit l'une des meilleures parties du revenu du Roi ;

2°. Si le Roi, ennuyé des abus qui se commettent dans la levée des tailles, des aides et des gabelles, et dans toutes les autres sortes d'impôts qui composent ses revenus; de tant d'affaires extraordinaires qui abîment l'État, de tant de traitans qui, non contens de le piller par mille voies indirectes, exercent encore sur lui-même une usure insupportable, et se remplissent de bien à regorger, par de mauvaises voies, tandis que le pauvre peuple périt sous l'accablement du faix ;

13°. Si Sa Majesté, pénétrée enfin de la souffrance de ses sujets, prenoit une bonne fois résolution d'y mettre fin et d'améliorer leur condition, en rendant l'imposition de ses revenus égale et proportionnée aux forces de chacun, c'est-à-dire en imposant sur tous les fonds de terre, par rapport à leur revenu; sur les arts et métiers, par rapport à leur gain;

sur les villes, par rapport au louage des maisons; sur le bétail, par rapport à son revenu; sur le vin des cabarets, les tabacs, les eaux-de-vie, le thé, le café, le chocolat, le papier timbré; et sur le sel qu'il faudroit mettre à un plus bas prix, et le rendre marchand; plus, sur les douanes qu'il faudroit aussi ôter du dedans du royaume, les reléguer sur la frontière, et les beaucoup modérer; sur les bois, les eaux, les vieux domaines; sur les gages et pensions d'un chacun, et enfin sur tout ce qui porte revenu et fait profit, sans exception de bien ni de personnes; le tout précédé d'une très-exacte et fidèle recherche, et de toutes les connoissances nécessaires, fixant lesdites impositions sur le pied du vingtième des revenus de toutes espèces; cela une fois établi produiroit un revenu immense, qui seroit peu à charge à l'État, par rapport à ce qu'il en souffre à présent, ni au-dessus des forces de personne, puisque tout seroit proportionnellement imposé; Il n'y auroit plus, ou très-peu de frais, ni de pilleries dans les levées; le peuple se maintiendroit plus aisément, et quand, dans les extrêmes besoins, on seroit obligé de payer, deux, trois, voire quatre vingtièmes, ils seroient incomparablement moins foulés que de tout ce qu'ils souffrent à présent, notamment s'il n'étoit plus question de tailles ni de gabelles, ni d'aides, ni d'affaires extraordinaires, ni par conséquent de contraintes, ni de vexations, ni d'aucune autre nouveauté affligeante ; chacun pourroit jouir en paix de ce qui lui appartient sans inquiétude ;

14°. Et pour conclusion, si toutes ces pensées pouvoient exciter la curiosité de SA MAJESTÉ à en faire l'expérience, ne fût-ce que pour voir comme cela réussiroit ; il n'y auroit qu'à les mettre en pratique dans cette élection, ou dans telle autre des plus petites du royaume qu'on voudra choisir. Après quoi, si les peuples s'en trouvent bien, tous les voisins demanderont le même traitement, et il ne faut pas douter que, fort peu de temps après, tout le royaume ne fît la même demande.

Il y auroit encore quantité d'autres choses à établir, et d'autres à corriger pour le soulagement des peuples et l'économie du royaume, qui rendroient ce pays, et tous ceux où ils seroient pratiqués, abondans, fertiles, et bientôt peuplés ; car les peuples étant pour lors mieux nourris qu'ils ne sont, deviendroient beaucoup plus faciles à marier, plus forts, et plus capables de faire des enfans et de les élever, et beaucoup moins paresseux ; d'où s'ensuivroit un grand accroissement de monde et de biens, et comme ils auroient moins de terres à cultiver, ils les cultiveroient toutes, et les cultiveroient bien.

Au surplus, cette recherche n'a pas été faite par aucun sentiment d'intérêt particulier ; mais seulement pour donner une légère idée de ce qui se pourroit faire de mieux dans cette élection, et conséquemment dans toutes les autres de la généralité, même dans tous les pays qui composent ce grand royaume, où le bonheur et l'augmentation des peuples suivroient d'après un si juste établissement. Les revenus du Roi en augmenteroient considérablement, sans que jamais il s'y trouvât de non-valeurs : cinquante mille fripons, sans compter leurs croupiers, qui pillent impunément son royaume, et qui profanent incessamment son nom, par le mauvais usage qu'ils en font, seroient réduits à gagner leur vie, et à payer comme les autres ; sa domination deviendroit douce et désirable par tous les peuples voisins ; et les siens sortant de l'état souffreteux où ils sont, pour entrer dans un plein état de bonheur et de félicité, s'accroîtroient à vue d'œil, et augmenteroient en même temps sa puissance par le nombre prodigieux d'hommes propres à la guerre, aux arts, aux sciences, à la marchandise, et à la culture des terres, que la France produiroit. Tous béniroient son nom. Tous prieroient pour la conservation d'une si chère tête, et tous redoubleroient leurs prières pour lui, et rendroient de continuelles actions de grâces à Dieu de lui avoir donné un si bon, si grand et si sage Roi.

N. B. Après ce préambule, on trouve dans le manuscrit des *Oisivetés de Vauban* un tableau ou dénombrement des fonds de terre, bois et bestiaux de l'élection de Vézelai, fait au mois de janvier 1696, contenant trente-six colonnes : 1°. Le nom des paroisses; 2°. les maisons sur pied; 3°. les maisons en ruine; 4°. les familles; 5°. les hommes veufs et mariés; 6°. les femmes veuves et mariées; 7°. les garçons au-dessus de quatorze ans; 8°. les filles au-dessus de douze ans; 9°. les valets; 10°. les servantes; 11°. le nombre des personnes qui forment les articles précédens; 12°. les charrettes; 13°. les bêtes chevalines; 14°. les bêtes de labour; 15°. les vaches, et suivans; 16°. les bourriques; 17°. les chèvres; 18°. les brebis; 19°. les porcs; 20°. les arpens de terres labourables ; 21º. les terres en friche; 22º. les terres désertes; 23º. les communes ; 24º. les prés en revivre, ou à regain ; 25º. les prés communs; 26º. les vignes en état ; 27º. les vignes en friche; 28º. les bois de futaie ; 29º. les bois taillis en propriétés ; 30º. les bois d'usage ; 31º. les étangs ; 32º. les moulins; 33º. les huileries, 34º. les cabarets et tavernes ; 35º. les débits de vin; 36º. les seigneurs ; et en second lieu un petit détail alphabétique des qualités particulières du terroir de chaque paroisse de l'élection de Vézelai.

Vous n'avez pas besoin de ces dénombremens, ni du reste de ces détails; j'ai dû me borner à transcrire ce qui a trait au plan dont j'ai voulu avoir l'honneur de vous entretenir.

Tel est, à cet égard, l'ouvrage de l'illustre *Vauban* : il sembloit avoir deviné, en 1696, une partie des changèmens que la force des choses a amenés au bout d'un siècle. Il y auroit sans doute bien des réflexions à faire sur ce monument singulier de sagesse et de prévoyance, où tout ce que l'agriculture auroit pu désirer paroît avoir été prédit, sauf l'article des grandes routes dont *Vauban* ne dit rien, je ne sais pas pourquoi; car les routes manquoient absolument dès cette époque au pays qu'il décrit, et lui manquent encore. Mais mon objet n'est pas de disserter ici sur cet admirable travail, modèle des tableaux de statistique et des calculs d'économie politique, tracé, il y a cent vingt ans, par un cœur généreux et une main habile. D'autres pourront le commenter, suppléer à ce qui y manque, etc. Quant à nous, profitons de la grande leçon que le maréchal de *Vauban* donne ici aux Français amis de leur pays, et continuons à marcher dans le chemin qu'il a eu la gloire de nous frayer.

Cet ouvrage resta secret au moment où il fut écrit; mais il fut à la veille d'avoir une grande influence sur les destinées du royaume. *Vauban* communiqua son manuscrit à Louis XIV, qui fut frappé de ces détails si nouveaux, si précis, sur le sort malheureux d'une portion de son peuple, et sur les voleries des cinquante mille fripons, sans compter leurs croupiers, dont ce peuple étoit la victime. On conçut alors le dessein de recueillir des notions aussi développées sur tout le reste de la France. Ce fut d'après *Vauban*, que l'ordre fut donné aux intendans de province de décrire leurs généralités pour l'instruction de M. le duc de Bourgogne.

En conséquence, il leur fut adressé une instruction, intitulée : *Mémoire que S. M. a ordonné être envoyé à MM. les maîtres des requêtes, commissaires départis dans les provinces, en* 1697. Le Roi leur mandoit qu'il vouloit être pleinement informé de l'état des provinces du dedans du royaume. Quelques articles de ce mémoire sont assez mal rédigés, ce qui est étonnant dans une pièce de cette époque et de cette importance.

Un grand nombre de ces articles, relatifs au clergé, à la noblesse, aux parlemens, aux trésoriers de France, etc., n'auroient plus d'objet aujourd'hui; mais l'état de l'agriculture, la bonne économie, les haras, le commerce, etc., offrent des questions détaillées et intéressantes. Voici ce qui est relatif aux chemins, soit d'eau, soit de terre.

« De plus, sadite Majesté sera bien aise
» d'être informée de toutes les rivières navi-
» gables et non navigables. Quoique S. M. ait
» déjà ordonné la suppression de tous les
» péages, qui diminuoient considérablement
» l'avantage que la navigation des rivières doit
» naturellement produire, néanmoins elle dé-
» sire que lesdits commissaires s'appliquent soi-
» gneusement à reconnoître les empêchemens

» que la navigation desdites rivières peut rece-
» voir, et les moyens que l'on peut pratiquer
» pour ôter les empêchemens et donner par-
» tout la facilité du commerce et du transport
» des marchandises, tant en dedans qu'en
» dehors du royaume.

» A l'égard des rivières non navigables, sa-
» dite Majesté veut que lesdits commissaires
» en fassent eux-mêmes la visite, assistés d'ex-
» perts et gens à ce connoissant, et qu'ils
» dressent leurs procès-verbaux de tous les
» moyens que l'on pourroit pratiquer pour
» les rendre navigables, de la dépense qui se-
» roit à faire pour cela, des dédommagemens
» qu'il y auroit à donner, quels pays en tire-
» roient avantage, et si on ne pourroit pas
» imposer tout ou partie de la dépense sur
» les pays qui en tireroient avantage.

» Plus, Sa Majesté désire que lesdits com-
» missaires visitent en chacune province, les
» chemins, ports, postes et ouvrages publics
» qui ont été entièrement abandonnés, qu'ils
» en fassent faire des procès-verbaux par gens
» intelligens et économes, afin qu'ensuite Sa
» Majesté en puisse ordonner les réparations
» et ordonner les fonds nécessaires à cet effet,
» suivant le besoin et la nécessité du public. »

L'exécution de cet ordre produisit environ quarante gros volumes de mémoires in-folio, qui sont en manuscrit dans beaucoup de bibliothèques. Le comte *de Boulainvilliers* en a publié l'extrait en huit tomes in-12. *La Baumelle*, le seul de nos historiens qui en parle un peu en détail, en dit beaucoup de mal. (*Mémoires de Maintenon*, livre XI, chapitre V.) Il dit que le duc de Bourgogne eût été mieux instruit de l'état des provinces par un voyage *incognito*. Si cela eût été possible, le prince auroit vu par ses yeux; mais nous aurions été privés d'un monument unique, et qui, dans son état d'imperfection même, peut cependant nous être encore éminemment utile. Quoique la flatterie ait conduit le pinceau de la plupart des intendans, quoiqu'ils n'aient pas imité la candeur de *Vauban* dans l'exposé des maux publics, ni sur-tout son génie dans la recherche du remède que l'on pouvoit leur opposer, on ne sauroit disconvenir que l'on trouve dans ces mémoires des renseignemens positifs sur les besoins et les ressources des provinces à cette époque. Et c'est de ce point authentique que nous pouvons partir encore pour redemander aujourd'hui les améliorations sollicitées dès-lors par le vœu des provinces, et dont il devint impossible aux ministres de s'occuper, parce que la guerre d'Espagne revint bientôt empoisonner les dernières années de la vie de Louis XIV, et flétrir l'éclat de son règne.

Ces mémoires des intendans prouvent surtout que les chemins étoient dégradés et détruits presque dans toutes les provinces, hormis dans les pays d'États. On voulut y remédier, lorsque la France fut en paix. La réimpression du livre de *Nicolas Bergier,* de Reims, sur les *grands chemins des Romains,* avoit réveillé l'enthousiasme sur un objet si important. On date de 1720 la restauration en France, des routes et des ponts, qui furent reconstruits avec magnificence, mais sans se raccorder entre eux et sans tenir à un ensemble ou plan général et raisonné. Ces belles entreprises écrasèrent long-temps le peuple du fardeau des corvées ; elles parurent cimentées de ses sueurs et de ses larmes, et nous ne pouvons oublier que dans notre jeunesse on applaudissoit au poëte qui avoit osé dire :

> J'ai vu le magistrat qui régit la province,
> Opprimant les sujets pour mieux servir le prince,
> Commander la corvée à ces tristes cantons
> Où Cérès et la faim commandoient les moissons.
> (SAINT-LAMBERT, *Poëme des Saisons.*)

Enfin le sentiment profond de l'injustice faite au peuple pénétra dans le ministère ; et l'on voulut étendre à toutes les provinces le régime qui avoit fait fleurir celles d'entre elles que l'on nommoit pays d'Etats. Un édit du mois de juin 1787 institua des assemblées provinciales, pour suivre les objets et les travaux publics propres à ces provinces. Une instruction lumineuse, émanée du conseil du Roi, et qui étoit l'ouvrage du ministre *Turgot*, dirigea les opérations de ces assemblées. Cette pièce étoit beaucoup mieux rédigée que celle qui avoit été envoyée aux intendans en 1697. Louis XVI entroit dans tous les détails de l'agriculture et du bien public. Que l'on aime à l'entendre s'expliquer en ces termes !

« Un des plus grands bienfaits pour l'agri-
» culture étoit l'abolition de la corvée ; elle
» n'existe plus, et la prestation qui la rem-
» place, a le double avantage de ne plus ar-
» racher aux travaux de la campagne les bras
» qui leur étoient nécessaires, et de les occu-
» per, en les salariant, pendant la saison où
» ils étoient en grande partie désoeuvrés.

» En même temps, il a été assuré au cul-
» tivateur et au propriétaire la libre disposition
» des productions qu'ils auroient fait naître.

» Mais les vues qui ont déterminé l'établis-
» sement des assemblées provinciales, ne se-
» roient point complètement remplies, si leur
» établissement ne devenoit point une époque
» précieuse pour les cultivateurs. Aucune dis-
» position ne peut être faite, aucune entre-
» prise ne peut être formée en administration,
» qu'elle n'influe sur l'agriculture. L'inégalité
» dans la répartition des impôts, lui ôte son
» ressort et son énergie ; elle se ranime lors-
» que le fardeau est distribué avec justice et
» avec proportion. L'ouverture d'une route
» ou d'un canal de navigation peut tripler et
» quadrupler la valeur territoriale de tout un
» canton ou d'une province entière. Ainsi l'a-
» griculture souffre de tous les abus ; ainsi
» elle profite de tout le bien que l'on opère.

» Les assemblées provinciales saisiront tous
» ces rapports ; elles sentiront d'ailleurs que
» le moyen le plus naturel d'alléger les charges
» publiques est d'augmenter la richesse terri-
» toriale, et elles dirigeront vers ce but une
» partie de leurs soins et de leur activité. »

Ensuite le législateur, parlant toujours en père, ne dédaigne pas de particulariser les objets qui peuvent fixer l'attention des assemblées provinciales, relativement à l'agriculture.

Il traite successivement, d'une manière positive et vraiment faite pour instruire,

Des engrais,

Des bestiaux,

Des prairies artificielles,

Des turneps, betteraves champêtres et pommes de terre,

Des pacages des troupeaux,

Des lainés,

Des bestiaux aratoires,

Du labour,

De la carie, ou noir,

Des granges et meules,

De la mouture des grains,

Des chanvres et lins,

Enfin de la conservation des hommes.

On n'a pas fait assez d'attention aux bons effets qu'avoit produits presque par-tout la loi qui avoit établi ces assemblées provinciales, et l'admirable instruction que je viens de vous rappeler.

Les procès-verbaux des sessions tenues par ces assemblées ont été imprimés; et le recueil, qui est très-difficile à réunir, compose vingt-quatre volumes de format in-4°. Il y en a de foibles, mais il y en a aussi qui sont de vrais chefs-d'œuvre, auxquels on recourra toujours.

Cette collection doit être conférée avec celle des mémoires des intendans sous Louis XIV. Nous avons eu la patience de faire ce dépouillement pour notre propre instruction, province par province, et même nous y avons aussi rattaché les dernières notions répandues dans les écrits de statistique, qui malheureusement sont loin d'être complets. Les statistiques officielles ont été publiées au hasard, les unes in-4°, plusieurs in-8°, quelques-unes in-fol., et d'autres encore in-4°; les unes, trop succinctes; les autres, trop diffuses; mais il y en a d'excellentes; et dans presque toutes, on trouve des vues intéressantes pour notre agriculture. Enfin, nous possédons dans notre cabinet et dans les Mémoires de la Société un grand nombre de bons écrits sur les topographies rurales. C'est en analysant, en comparant, en résumant cette innombrable multitude d'informations positives sur le fait de l'agriculture, que nous croyons pouvoir réduire à quelques points véritablement capitaux, les principes d'après lesquels vous pouvez vous faire à vous-mêmes, et indiquer aux autres Sociétés d'agriculture qui correspondent avec vous, un plan de travail général propre à remplir les vœux du peuple, et à justifier les bontés du Gouvernement.

Tous les renseignemens, toutes les statistiques que nous avons pu consulter, établissent, Messieurs, comme une vérité déjà reconnue sous Louis XIV, que les parties les plus fertiles et les mieux cultivées du royaume ont toujours été celles qui avoient le bonheur de posséder plus de chemins, plus de canaux, plus de rivières devenues navigables, plus de ports maritimes ; en un mot, plus de débouchés et de communications. C'est ce qu'atteste, dès long-temps, l'agriculture florissante de la Flandre, de la Normandie, de l'Alsace, de la Bourgogne, le long des rives de la Saône, etc. C'est ce que nous ont confirmé nos voyages agronomiques dans la plupart de nos provinces, et même dans nos colonies au-delà du tropique. Le sol a beau être fécond, si les débouchés manquent, la culture languit, ses produits n'ont point de valeur, et l'habitant qui les possède n'a qu'une opulence fictive. Souvent il meurt de faim au milieu de son abondance. Au contraire, le sol, même le plus rebelle, semble changer et devenir fertile, comme par miracle, quand le producteur des denrées est sûr de les placer dans un marché avantageux. On peut dire figurément et littéralement pourtant, que le soc de Cérès a besoin d'être secouru des ailes de Mercure et de la rame de Neptune. Nous devons en conclure que le premier objet dont il faut s'occuper en faveur de l'agriculture, c'est de lui procurer, et à quelque prix que ce soit, des facilités de transport, des moyens de correspondance, enfin des débouchés sans lesquels ses denrées lui deviennent à charge, car elle n'a plus d'intérêt à les multiplier; son bénéfice ne consiste ni dans ce qu'elle garde, ni dans ce qu'elle consomme, mais exclusivement dans ce dont elle peut se défaire.

Sous ce rapport, Messieurs, les besoins de l'agriculture sont très-grands, je l'avoue; mais enfin ces besoins ne doivent pas nous effrayer, parce que ses ressources sont plus grandes encore. Pour n'en citer que quelques-unes, n'est-il pas avéré que la France possède et peut faire valoir 1°. un très-grand nombre de rivières, que l'on peut rendre navigables, soit qu'elles l'aient été autrefois, et que, pour le redevenir, elles n'aient besoin que d'être délivrées des obstacles qui naissent principalement des moulins, mal placés sur leurs cours, à quoi l'on peut remédier de diverses manières; soit qu'il faille employer, suivant les circonstances, les procédés modernes des plans inclinés de *Fulton*, et ses petits bateaux, corrigés par M. *Lecreulx* ; les bateaux à vapeur, à manivelle, à roulettes, etc. Et les découvertes récentes ne nous présentent-elles pas encore les *chemins de fer* dont nous avons à Mont-Cénis un exemple dispendieux, qu'on peut simplifier ? Ces chemins de fer rivalisent, en de certaines circonstances, avec la navigation, en étendant son influence jusqu'à plusieurs lieues dans les terres, sur-tout dans les montagnes où se trouvent souvent de beaux bois et de riches mines, qu'on juge inexploitables par l'éloignement des cours d'eau qui en transporteroient et feroient valoir les produits.

2°. N'avons-nous pas en outre d'autres rivières moindres, aussi en très-grand nombre, qu'on peut rendre flottables, de manière à pouvoir exploiter les forêts des pays les plus reculés, et qui jusqu'à présent sont demeurées inaccessibles ?

3°. N'avons-nous pas aussi beaucoup de fleuves, de torrens, qui inondent et perdent des surfaces immenses, et qui, redressés dans leur cours, contenus dans leur lit, et convenablement digués, par des moyens même assez simples (dont vous avez, Messieurs, déjà couronné un exemple relatif à la Saône), restitueroient à la culture, aux bois, ou aux prairies, une étendue équivalente au terrein de plusieurs provinces ?

4°. La France ne peut-elle pas mettre à profit tant d'autres cours d'eau, naturels ou factices, dont on dériveroit des rigoles ou des canaux, pour donner des fontaines aux endroits qui en manquent (comme cela s'est pratiqué avec succès à Gray, par l'ingénieur *Lenormand*), et sur-tout, pour fertiliser par l'irrigation les terres et les prés; article qui lui seul donneroit bien vite au royaume des sommes si prodigieuses, que l'on m'accuseroit d'en exagérer le calcul si je me permettois de vous le présenter d'avance ?

5o. N'avons-nous pas encore, à notre honte, il faut le dire, des millions d'arpens de terre, actuellement en marais, et qu'on peut dessécher avec tant de facilité et de si énormes profits, si l'on veut sérieusement mettre en pratique les leçons de *Cretté-Palluel*, et ne pas se borner à ne faire sur les marais que des décrets d'illusion ou des projets d'agiotage ?

6°. N'avons-nous pas, Messieurs, aux portes de Bordeaux, dans la ci-devant Bretagne, et dans plusieurs autres provinces, des millions d'arpens de landes et de terres incultes, où l'on peut établir des milliers de nouveaux villages, dont la construction fourniroit des modèles pour préserver du feu les habitations rurales, distribuer les champs, les vergers et les prés autour de chaque métairie (comme on l'a fait aux pieds des Alpes du Tyrol, autour de Kempten, en Bavière), et combiner si bien ces colonies intérieures, qu'elles attireroient en foule les hommes et les fonds qui devroient les vivifier?

7°. Ne nous reste-t-il pas des millions d'arpens de terrain montueux, autrefois couverts d'arbres, maintenant nus et dégarnis, et impropres à la culture, mais qu'il faut recouvrir de bois pour en prévenir la disette, et redonner à nos contrées les abris qui leur manquent, sous peine de nous voir punis de notre négligence, comme l'est aujourd'hui le plateau de la Perse, dont le défrichement des bois a fait depuis long-temps un triste et aride désert, comme l'a démontré feu notre collègue *Olivier*, dans son *Voyage en Perse*?

8°. S'il faut attendre le produit des semis, des plantations, des pépinières à créer, avant de recouvrer les produits de forêts qui ne sont que l'œuvre du temps, quoique les soins de la culture en puissent hâter l'intervalle, n'avons-nous pas en France des mines de charbon de terre, des houillères sans nombre, qu'il faut encourager pour l'épargne du combustible ? N'est-ce pas un service à rendre au peuple en général, que de lui apprendre l'usage de ce chauffage économique et des moyens ingénieux que la pyrotechnie a fournis pour en rendre l'emploi plus général et plus à la portée des classes les plus indigentes ?

9°. La France ne doit-elle pas se souvenir qu'elle a deux cents lieues de côtes maritimes, soit en dunes qui la menacent, et qu'on peut garantir des invasions de la mer par les plantations dont l'exemple a été donné par notre *Bremontier* ; soit en grèves de sable, susceptibles de faire des polders et des fermes d'un excellent rapport, et dont notre Société a déjà fait connoître et honoré par ses médailles les créations admirables, dûes aux frères *Herwyn*, dans leur entreprise des Moëres, et qui ont eu déjà d'autres imitateurs, dignes d'être à leur tour récompensés et imités ?

10°. La France oubliera-t-elle qu'elle a le moyen le plus sûr d'amender, d'engraisser, d'améliorer les campagnes, en rendant ses villes plus propres, et les débarrassant de ces immondices infectes, qui déshonorent notamment les abords de la capitale, et coûtent à cette cité, comme à tant d'autres de nos villes, des sommes annuelles pour l'enlèvement de leurs boues, qui devroient au contraire augmenter tous les ans les revenus municipaux et le bien-être des campagnes? Ce n'étoit pas sans raison que les Romains avoient fait leur dieu Stercutius et leur déesse Cloacine; mais leurs égouts et leurs amphores (1) se vidoient dans le Tibre; c'étoit perdre l'engrais qu'on auroit pu en retirer. Les modernes ont mieux connu l'emploi que l'on peut faire des ordures des villes et des autres vidanges; *Owen* en a fait le sujet d'une épigramme remarquable (2) que l'on n'oseroit rendre littéralement en français, et dont voici le sens :

<blockquote>
Les champs donnent leurs fruits à la cité stérile
Où ces fruits consommés se changent en fumier.
Ce débris qui retourne à la terre fertile,
Se change en fruits nouveaux par les soins du fermier.
</blockquote>

---

(1) Les Romains plaçoient des amphores dans tous les carrefours, pour que l'on pût y satisfaire les besoins naturels. Ce fut là-dessus qu'un impôt fut mis par Vespasien, et qu'il osa dire : *Lucri bonus odor ex re qualibet.*

(2) Londinum.
Urbs sterilis fructus agrorum in stercora vertit;
Fertilis in fruges stercora vertit ager.
Tu victum debes arido vitamque colono !
Debet stercoribus non minùs ille tuis.

Par ce commerce heureux, la plus vile matière
Enrichit les cités et les champs d'alentour.
Le fermier te nourrit, ô ville trop altière !
Ta fange et tes rebuts le font vivre à son tour.

Ce sujet ne peut répugner à un goût délicat, quand on en parle dans le sein d'une société consacrée à l'agriculture. Il s'agit, en effet, du plus grand véhicule de la fertilisation, et dont l'emploi n'est pas assez bien ménagé en France. Nous avons vu nous-même des pays où l'on s'obstinoit à prodiguer aux chènevières, par exemple, le fumier de mouton, qui est très-bon en général, mais qui ne vaut rien pour les chanvres, tandis que cette plante demanderoit de préférence les vidanges de nos latrines.

11°. La France n'auroit-elle pas la possibilité de former, pour l'exécution de tous ces grands travaux publics, des ateliers périodiques, où les ouvriers, travaillant dans la belle saison, pourroient être enrégimentés et soumis à un plan de discipline économique, calculé de manière à les encourager, en perfectionnant et accélérant leurs ouvrages? M. *de Thélis* a donné l'exemple de former de ces brigades régulières pour la confection des routes. M. *Douette-Richardot* avoit aussi levé un corps de pionteurs et de défricheurs. Ces essais partiels peuvent donner l'idée de ce qu'on feroit plus en grand. Je propose, ou plutôt j'expose simplement des vues; mais je ne les détaille pas.

12°. La France ne peut-elle enfin mettre sa confiance dans le génie heureux de quelques mécaniciens, pour créer des usines qui occuperoient tant de bras aujourd'hui inutiles, tant de vagabonds désœuvrés, et tant de mendians valides, qui sont le fléau des campagnes et l'opprobre des villes; tandis qu'ils pourroient, par exemple, substituer par-tout les avantages reconnus de la mouture économique à cette mouture grossière, qui coûte cependant à notre agriculture 60 millions par an, suivant les calculs modérés de notre estimable *Boncerf?* Nous avons besoin de moulins à piler les os; les écorces; les galets, dont la poudre compose le meilleur ciment, etc.

13°. On admire nos grandes routes, à leur défaut d'ensemble près, et malgré quelques vices dans leur direction et leurs accotemens, aisés à corriger; mais, hors du rayon de Paris, n'est-il pas triste que la France ait des routes si nues, qu'on n'y voit pas un arbre? si désertes, qu'on fait souvent une ou plusieurs postes de suite sans trouver d'habitation? les chemins ne doivent-ils être plantés qu'aux abords de nos villes? les ordonnances prescrivoient qu'ils le fussent par-tout. Etoit-ce, même pour les bois, une ressource à mépriser? Si le préjugé la repousse dans certaines provinces, ne peut-on l'éclairer, le persuader, le convaincre? Ne doit-on pas aussi placer, de distance en distance, le long des grands chemins, des maisons pour les cantonniers chargés d'entretenir les routes? joindre à chaque maison un carré de jardin, de pépinière, de verger? y ménager en même temps un abri pour les voyageurs, des pilastres indicatifs, des bornes milliaires? Les Romains avoient en ce genre des *mansions*, des *stations*, construites tout exprès à des distances uniformes; les Chinois ont également des tours et des guérites. Les places de ces cantonniers ne seroient-elles pas des retraites fort recherchées par les anciens serviteurs qui ont bien mérité et qui ont encore des forces? Ne doit-on pas en faire autant pour les éclusiers et les gardes des cours d'eau qu'on rendra ou flottables ou navigables? Ne trouveroit-on pas dans l'établissement de ces maisons de garde, économiquement construites, un moyen d'augmenter la sûreté et l'agrément des routes par terre et par eau, en même temps qu'on donneroit aux pauvres campagnards des modèles de bâtimens vraiment incombustibles?

14°. La distribution des arbres et des eaux, pour la salubrité comme pour l'ornement des villes, n'est-elle pas bien éloignée de ce qu'elle peut être en France? On a appelé les jardins l'agriculture citadine, et l'on dit qu'*Epicure* en fut le premier inventeur. Soit! mais cette culture aussi mérite d'être encouragée. Nous en avons quelques exemples, qu'on ne se lasse pas de voir et d'admirer; tels que ces îlots de verdure, coupés de canaux réguliers, couverts au nord par de grands arbres, qui composent l'*hortillonnage*, dans la Somme, au-dessus d'Amiens; le faubourg de Lectoure, célèbre par son jardinage; sur-tout les environs de Troyes, mélange de canaux dérivés de la Seine, d'usines, de cultures, de moulins, de plantations, formant autour de cette ville une enceinte de paysages, vaste jardin chinois, auquel je ne sais rien qu'on puisse comparer. Les vingt mille bastides qui dominent Marseille, offrent un beau coup d'œil, mais qui seroit plus frais si l'on avoit su y conduire les eaux qui auroient donné lieu à des clôtures verdoyantes, en place de ces murs blanchis qui fatiguent la vue. Paris même n'a dans ce genre que des choses mesquines. On va voir quelques cèdres sur la butte du Muséum d'Histoire naturelle; et nous pourrions avoir des forêts d'arbres toujours verts! il faut aller chercher à Boulogne, à Vincennes, des parcs qui devroient être de grandes futaies continues, prenant immédiatement aux portes de Paris, et allant de là, d'un côté, à Saint-Cloud, à Neuilly, à Saint-Denis et à Saint-Maur; de l'autre côté, à Choisy, à Sceaux et à Meudon. Il n'y a presque aucune de nos cités, grande ou petite, où il n'y ait à désirer des aqueducs, des promenades : que dis-je? n'est-il pas encore des villages et des départemens entiers, où l'on ne sait pas même ce que c'est qu'un verger? et cependant la France est le pays des meilleurs fruits, privilége que la nature et son climat lui donnent, que d'autres contrées lui envient, et que son industrie ne sauroit négliger sans se dépouiller elle-même d'un de ses plus incontestables et de ses plus heureux produits.

15°. Lorsqu'on sera parvenu à former un plan général de ces communications, à ouvrir par terre et par eau, entre tous les départemens et toutes les communes qui en sont susceptibles; lorsqu'on aura déterminé dans quel nombre d'années les parties de ce plan recevront successivement leur exécution; il sera temps, Messieurs, de vous mettre vous-mêmes en devoir de remplir les excellentes vues que vous avoient communiquées MM. *de Béthune-Charost* et *Lamoignon de Malesherbes*, deux de vos anciens et bien vénérables collègues. En 1786, M. *de Béthune-Charost* demandoit qu'on formât une souscription expresse pour répandre par-tout les ouvrages utiles et les connoissances nouvelles en matière d'agriculture. (*Trimestre de printemps*, 1786, page 26). En 1790, M. de *Malesherbes* vous avoit lu un beau mémoire sur les *moyens d'accélérer les progrès de l'économie rurale en France*. Vous n'avez jamais oublié de si sages conseils; mais, malgré vos efforts, n'est-il pas malheureux que les bons livres soient si rares? Le *Théâtre d'Agriculture*, ou *Mesnage des champs*, chef-d'œuvre d'OLIVIER DE SERRES, réimprimé avec les notes de la Société; les instructions lumineuses des *Bourgelat*, des *Daubenton*, de MM. *Tessier* et *Huzard*, sur les animaux domestiques; le traité où M. *Yvart* discute à fond la *succession des cultures*, et le nouveau *Rozier*, dont ce traité n'est qu'un article; vos mémoires et vos rapports sur les expériences et les améliorations de notre agriculture depuis un demi-siècle; quelques autres écrits qu'on peut considérer comme classiques dans ce genre, ne devroient-ils pas se trouver dans toutes les campagnes, où de dignes curés, des propriétaires instruits, de bons juges de paix, des notaires, des médecins, des artistes vétérinaires les liroient et les feroient lire à ceux que ces ouvrages sont faits pour éclairer et pour intéresser? Ces ouvrages, Messieurs, ne sont pas même dans les villes chefs-lieux des arrondissemens; les lumières utiles sont les moins répandues, et il fut un moment où l'on ne vouloit pas qu'on les mît davantage en circulation. Vous rappelez-vous qu'en l'an XI (1), guidés par les principes des *Béthune-Charost*, des *Lamoignon de Malesherbes*, nous avions proposé de venir au secours des littérateurs malheureux, et de leur procurer une existence moins pénible, en tournant sur-tout leur travail vers cette physique usuelle qu'ils pourroient rendre populaire, s'ils la reproduisoient sous les formes diverses que le talent d'écrire sait

---

(1) Voyez le *Discours pour l'ouverture de la Société en faveur des savans et des hommes de lettres*, prononcé dans la première assemblée de cette Société, tenue à la Préfecture du département de la Seine, le 25 nivose an XI, par *N. François de Neufchâteau*, imprimé par *Everat*.

imprimer à la pensée? Ce talent eût été secouru, dirigé, et seroit devenu un des puissans auxiliaires de notre économie rurale, qui embrasse un si vaste champ et qui exerceroit d'une manière fructueuse tant de plumes oisives, ou uniquement occupées de libelles diffamatoires, de compilations et de niaiseries. On fit supprimer mon mémoire, et on étouffa cette idée : je n'ai pas fait de sacrifice qui m'ait coûté plus de regrets. On y reviendra, je l'espère, quand le cultivateur aura la perspective de l'écoulement des produits de ses sueurs et de ses peines; car c'est là le refrain de toutes les réponses qu'on a faites aux questions envoyées sur l'agriculture. Par-tout on vous a dit :
« Chaque pays vit de ses denrées ; le débit lui
» en étant facile, l'exportation possible : il vend
» avantageusement son superflu ; dix sous de
» plus par poids et par mesure lui donnent des
» bras ; dix sous de moins les lui cassent; et
» alors les instructions les plus sages sur l'agri-
» culture lui deviennent odieuses. » (*Compte rendu à la Société d'Agriculture de Paris, par* LEFEBVRE. Paris, an VII, *in-*8°., page 416.)

Ceci nous ramène toujours à ce premier besoin de notre agriculture, celui des débouchés, qui mettroient bientôt en valeur toutes les terres négligées.

Combien d'autres moyens de stimuler l'agriculture et de servir dans tous les genres l'économie rurale ! Que de choses qu'on laisse perdre, et qu'il ne faut que ramasser ! Que d'acquisitions à faire en bestiaux, en pêcheries, en plantes exotiques, faciles à naturaliser ! Combien de détails profitables que je ne puis classer ici, mais qui se rangeront d'eux-mêmes dans les instructions et les questions relatives aux localités différentes, qui seroient successivement les objets de votre examen !

Vous pourrez en juger, Messieurs, par un premier essai ou un relevé que j'ai fait des besoins spéciaux et des ressources agricoles des deux départemens du Puy-de-Dôme et du Cantal, formés de la ci-devant Auvergne. Une lettre que j'ai reçue de M. *Tiolier*, ancien administrateur et conseiller à la Cour royale de Riom, m'a fourni une occasion de commencer par l'examen de nos départemens du centre, qui se plaignent avec raison d'avoir toujours été abandonnés à eux-mêmes. (Voyez cette Lettre, à la suite de ce mémoire.)

Vous concevez, Messieurs, quel appel fructueux vous pouvez faire à l'industrie, à toutes les sciences dont la perfection peut tourner au profit de notre agriculture. Quelles mines à exploiter présentent à l'envi toutes les parties du royaume ! Quel champ immense ouvert aux spéculations des grands capitalistes ! Quel moyens de fonder, sur des bases toutes nouvelles, la dotation du clergé, l'instruction publique, et tant d'autres œuvres pieuses réduites à l'aumône, et qui peuvent se relever, s'entretenir, fleurir, par les produits des entreprises que l'agriculture réclame ; entreprises indispensables, toutes urgentes, toutes propres à récompenser promptement les avances qu'on auroit su leur appliquer, soit par la voie des actions ou des annuités, soit par celle des loteries, soit par d'autres moyens qui se présenteront d'eux-mêmes !

Ce ne sont point, Messieurs, des places et des *sinécures*, toujours onéreuses au peuple, que je propose de créer pour grever le Trésor royal. C'est pour venir à son secours par les combinaisons de l'intérêt particulier, que je cherche à fixer en faveur de l'agriculture l'attention de ceux qui peuvent se servir eux-mêmes, de la manière la plus noble, en servant le public ; car, c'est sur de pareils bienfaits qu'on a toujours fondé les plus honorables fortunes. Les prêtres de l'antiquité furent justement honorés de ce beau titre de pontifes, à cause des soins qu'ils donnèrent à la confection des ponts. Pendant le moyen âge, les religieux s'enrichirent par le défrichement des bois et des déserts. L'Université de Paris a dû long-temps son revenu à l'établissement des postes. Le pont Saint-Esprit fut créé par des quêtes pieuses. Une gloire solide a toujours été attachée aux monumens utiles. Chez les Romains, les fonctions des curateurs des routes, celle des curateurs des eaux, étoient comme l'apprentissage et le noviciat des hautes dignités. On élevoit des arcs de triomphe aux vainqueurs, mais on en élevoit aussi, et de plus respectables, aux princes qui avoient refait les grands chemins. Des particuliers s'illustroient en donnant leur nom à des routes. Dans la Belgique et la Hollande, les Jurys d'eau, les Waterstaat, institutions admirables, que nous devrions adopter, ont toujours été composées des meilleurs citoyens. Excitons parmi nous le même enthousiasme! Et la douceur des mœurs et celle du climat de France, ne sont-elles pas propres à nous donner l'espoir d'attirer dans ces entreprises les capitaux des étrangers, et de retenir leurs personnes par le double intérêt du placement de leurs avances et des agrémens de la vie? Fallût-il enfin que l'État joignît quelques promesses, sagement calculées, aux efforts des particuliers, ce ne seroit qu'une justice, ou une restitution bien tardive et bien foible qu'on feroit à l'agriculture. Les cultivateurs ont long-temps porté tous les fardeaux; et que leur a-t-on avancé? Quelle caisse de prêt, quelle banque de bienfaisance a-t-on réellement organisées pour eux? Ils auroient été trop contens si on leur eût prêté la moitié seulement de ce qu'il en coûtoit chaque année à nos villes pour des illuminations et des feux d'artifices, dont il ne reste aucune trace, si ce n'est au chapitre de la dépense de nos comptes, tandis que les avances que l'on fait à la terre se portent tous les ans au chapitre de la recette. La terre est le seul débiteur qui soit toujours de bonne foi, la seule caution qui ne soit jamais insolvable.

Je n'ai point parlé de canaux, et je vous prie de l'observer, non qu'il n'y en ait d'importans à finir ou à entreprendre; mais je suis convaincu qu'on a eu tort de débuter par des canaux. Avant de recourir aux cours d'eau artificiels, il faut avoir tiré tout le parti possible des cours d'eau naturels, qui sont en France si nombreux, si bien distribués, qu'il n'y auroit peut-être pas une seule commune qui se trouvât placée à plus de quatre ou cinq lieues d'un port intérieur ou d'un embarcadaire, si l'on avoit tiré parti de toutes nos rivières. Et nous sommes bien loin de là !

Dans une séance suivante, j'aurai l'honneur de vous soumettre ce que j'ai recueilli aussi relativement à Paris et aux départemens qui en composoient autrefois la généralité ; et successivement, je traiterai de même ce qui peut concerner toutes nos ci-devant provinces.

Il ne me paroît pas douteux que ces matériaux, qui ne sont que préparatoires, peuvent amener promptement des résultats plus positifs, étant communiqués aux Sociétés qui correspondent avec la nôtre ; ils iront réveiller partout l'amour du bien public qui ne s'éteint jamais en France. Indépendamment des réponses qu'on s'empressera de vous faire sur les objets locaux, et qui rectifieront vos premiers aperçus et en rempliront les lacunes, vous mettrez au concours les questions plus générales qui paroîtront susceptibles d'être éclaircies par cette voie, et qui offriront le plus grand intérêt. Enfin vous pourrez présenter à votre auguste protecteur le tableau raisonné des besoins de l'agriculture et la perspective première de ses innombrables ressources, fondées sur les travaux que la terre et les eaux réclament, que la guerre a toujours malheureusement ajournés, et qui sont aujourd'hui commandés aux Français par la nécessité; mais qui, s'ils en sont adoptés avec l'enthousiasme et l'ardeur qui caractérisent les entreprises de ce peuple, peuvent faire pour lui des sacrifices par lesquels il achète la paix, une époque nouvelle de prospérité pure et de gloire innocente, en le forçant de conquérir une seconde France dans le sol de l'ancienne, et d'augmenter son territoire sans en reculer les limites.

N'ayons aucune inquiétude sur les bras qu'il faudroit pour accomplir ces grands travaux, ni sur les avances d'argent qui seront nécessaires aux compagnies d'actionnaires qui voudront soudoyer ces bras; ni sur les efforts de génie qui feront disparoître tant de difficultés physiques et morales, dont un projet si vaste pourroit paroître hérissé, s'il s'agissoit d'un autre sol ou de quelque autre peuple. On a trouvé des milliards; on a pu prodiguer le sang et la substance de plusieurs générations, quand il s'agissoit de détruire; et quand il faut tout recréer, nous serions sans secours, réduits à dire comme *Horace* :

Curtæ nescio quid semper abest rei !

Non, Messieurs, non, nous n'avons pas à nous désespérer ainsi. L'immortel ministre *Colbert* connoissoit bien sa nation : *Qu'on mette les Français sur un rocher*, dit ce grand homme, *et ils le changeront en or !* Hélas ! on nous fit adopter trop souvent des illusions qui ne furent que spécieuses. Que n'avons-nous pas fait, sous la Régence, pour poursuivre la chimère des actions, et le projet imaginaire de la Louisiane ! Ici, Messieurs, c'est autre chose ; c'est dans la France même que nous avons à établir des colonies réelles ; c'est de notre pays que nous pouvons faire sortir des richesses solides, des trésors préférables à tous ceux du Méxique. Les Indes sont chez nous, si nous savons les y chercher.

Si la Société agrée ma proposition, je demande que ce mémoire soit communiqué, avant tout, aux Sociétés d'Agriculture du royaume, et à nos correspondans dans les départemens, afin de connoître leur opinion, et de recueillir leurs lumières sur l'objet de ce mémoire ; que les uns et les autres soient priés d'accélérer leurs réponses, sur lesquelles ensuite la Société royale et centrale nommera, s'il y a lieu, une commission chargée de lui présenter le projet du plan définitif qu'elle devra suivre, afin de parvenir à tracer, le plus tôt possible, un tableau complet des besoins et des ressources de l'agriculture française.

NOTE RENVOYÉE DE LA PAGE 12.

Extrait d'une Ordonnance de HENRI III, en 1583, sur les rivières navigables.

Nous ressouvenans semblablement que nos États nous ont dernièrement remontré que toutes nos rivières navigables, dont vient à nos sujets la commodité de transporter de lieu en autre les vivres, denrées et marchandises nécessaires pour la vie humaine, et entretien du commerce et trafic, d'où dépend la richesse et abondance de notre royaume, tant par la négligence ou connivence de nosdits officiers, et avarice de ceux qui tiennent moulins et pescheries sur icelles, que pour n'avoir tenu et entretenu les turcies, chaussées et levées; aussi par la licence que nos sujets ont prise d'y jeter toutes sortes d'immondices, gravois, fumiers, paille pourrie, charognes, et foins de bateaux à sel et autres; elles sont demeurées en plusieurs endroits comblées, les ponts et arches démolis; en sorte que plusieurs bateaux chargés de marchandises, d'heure à autre, périssent à grande perte et dommage de nos pauvres sujets et habitans de nos villes : lesquels, au moyen de ce, demeurent ruinés et détruits, outre la perte et submersion de personnes qui plusieurs fois en advient ; et seront en peu de temps lesdites rivières, s'il n'y est pourvu, inutiles et innavigables ; comme aussi les ports et havres marins de ce royaume, par les mêmes causes, la plupart dépéris et comblés, et le trafic quasi du tout anéanti, aux grands préjudice et intérêt des marchands trafiquans sur la mer, mariniers et pescheurs, perte et diminution de nos droits et ceux de nosdits sujets. A quoi désirant pourvoir : Enjoignons très-expressément auxdits grands-maîtres réformateurs, leurs lieutenans et maîtres particuliers : Qu'en faisant leurs visites et chevauchées, ils aient à visiter lesdites rivières, levées et chaussées, moulins, pescheries, ponts et havres marins, de l'étendue de leur charge : et appelez les officiers de l'amirauté, s'informer au vrai de l'occasion du dépérissement et encomble desdites rivières, ports, chaussées et advenues ; et si c'est pour chose qui nous touche et appartienne, en faire procès-verbal, qu'ils enverront en notre Conseil, pour y être par nous pourvu ainsi que verrons être à faire : et où se trouvera lesdites ruines, démolitions et encomble être advenues par la faute des habitans des lieux, les contraindront à les réparer, mettre en bon état et dû. S'ils connoissent aussi lesdits moulins et pescheries estant sur lesdites rivières être préjudiciables au trafic et commerce d'icelles, et cause de les faire hausser et combler en aucuns endroits, les feront ôter, détourner et lever, si métier est ; enjoignant de par nous à toutes personnes de quelque état et qualité qu'ils soient,

6 *

sur peine de grosses amendes à nous applicables, de n'y jeter dorénavant aucuns fumiers, gravois, charognes, foins, pailles pourries, ne autres immondices, et chose généralement quelconque, ains les porter aux voiries et lieux ordonnés pour cet effet.

N. B. Cette loi, comme on voit, avoit été l'objet d'un vœu des Etats-Généraux. Elle a été renouvelée par tous les Souverains et les Gouvernemens qui se sont succédés; mais elle n'a jamais été entièrement exécutée. Les meûniers ont toujours trouvé moyen de s'y soustraire. Les banhalités féodales contrarioient alors et les vœux de la nation et les ordonnances du Roi. Cet obstacle n'existe plus; et nos ingénieurs modernes sauront concilier l'intérêt des moulins et l'intérêt public. Feu M. *Aubry* a traité cette question pour la Bresse; et nous aurons occasion d'y revenir souvent, dans le cours des Mémoires qui feront suite à celui-ci.

LETTRE

De M. le comte FRANÇOIS DE NEUFCHATEAU, *à M.* TIOLIER, *ancien administrateur et conseiller à la Cour royale de Riom, sur les besoins et les ressources de l'agriculture dans les départemens du Puy-de-Dôme et du Cantal, formés de la ci-devant Auvergne.*

Paris, le 15 décembre 1815.

MONSIEUR,

J'étois si souffrant cet été, lorsque votre lettre m'est parvenue, qu'il ne m'a pas été possible d'y répondre aussi exactement que je l'aurois désiré. Je profite d'un moment de répit, pour vous remercier du souvenir flatteur que vous avez bien voulu me conserver depuis l'époque, déjà bien reculée, de ma réception à l'Académie de Dijon. Les vers dont vous me parlez y furent lus dans une séance publique du 15 décembre 1765. Il y a juste cinquante ans. Ce seroit le cas pour moi d'aller célébrer à Dijon mon jubilé littéraire, si l'on étoit assez tranquille pour rouvrir le temple des Muses, après avoir fermé celui de Janus. En attendant, Monsieur, je suis honoré de la demande que vous me faites. Je vous prie d'agréer les deux premiers volumes du recueil de mes œuvres, in-12, contenant un

Traité de l'art de multiplier les grains, où vous trouverez peut-être des choses utiles à votre pays, et analogues au louable projet qui vous occupe. Vous verrez que votre patrie m'a souvent occupé moi-même. C'est un de mes regrets de n'avoir jamais vu l'Auvergne. J'avois recueilli des notes, que j'aurois voulu vérifier sur les lieux. Né dans les Vosges, qui sont une miniature des Alpes, je m'intéresse vivement aux pays qui leur ressemblent. Enfin, ce qu'il ne m'a pas été donné de voir par mes yeux, je souhaite aujourd'hui de l'examiner par les vôtres. Permettez-moi, Monsieur, de répondre à votre confiance, en vous faisant part des réflexions que mes recherches sur l'Auvergne ont pu me suggérer, et en vous priant de m'éclairer su les divers objets de ces réflexions.

Pour mettre de l'ordre dans nos idées, nous distinguerons, et nous suivrons les époques, mais sans nous enfoncer dans cette antiquité trop reculée dont la science n'est presque toujours, suivant le ministre d'*Argenson*, que l'*histoire des anciens abus.* Le passé nous intéresse moins que le présent et l'avenir. Nous partirons seulement de ce grand siècle de Louis XIV, qui a laissé des modèles en tant de genres différens, et qui, sans les malheurs continus de la guerre, auroit encore eu la gloire de perfectionner l'administration des provinces.

Celle d'Auvergne fut décrite alors sous le nom de *généralité de Riom*, dans un Mémoire que l'intendant *Lefebvre d'Ormesson* dressa, par ordre du duc de Bourgogne, en 1697. L'ouvrage est fort imparfait ; mais on est curieux de voir aujourd'hui comment l'administrateur en chef de cette province la peignoit, il y a plus d'un siècle, à l'héritier du trône. Son tableau n'est pas flatté. J'en détacherai seulement quelques traits, sur lesquels j'ai des rapprochemens à vous faire.

§. Ier. *Climat.*

« Le climat en est fort différent, aussi bien que le na-
» turel des peuples. Toute la plaine, qui se nomme
» *Limagne*, est un pays chaud et agréable. Les monta-
» gnes sont, au contraire, extrêmement froides. Les
» neiges y couvrent la terre huit mois de l'année; les
» vents y sont fréquens, impétueux, mais tellement irré-
» guliers, qu'on n'y a jamais pu établir de moulins à
» vent. »

Je suis frappé de cette durée de neiges pendant *huit mois*. Je croyois qu'elle étoit bornée à six mois. Le climat seroit-il devenu moins rude? Les limites de la végétation se seroient-elles étendues? A-t-on dressé des tableaux de votre météorologie? En économie rurale et politique, comme en médecine, il faut commencer, à l'exemple d'*Hippocrate*, par le traité *de Aëre, aquis et locis.*

On pourroit juger du climat par les plantes qui croissent spontanément dans le pays. MM. *Decandolle* et *Dunan* ont visité l'Auvergne en 1811; mais l'extrait sommaire de leurs observations, inséré dans le tome XV des Mémoires de notre Société d'Agriculture de Paris, ne dit qu'un mot de la *Flore d'Auvergne*, par *Delarbre*. Ils observent que la plus haute des montagnes d'Auvergne ne dépasse pas 2000 mètres d'élévation absolue; de sorte que les végétaux des Hautes-Alpes et des Pyrénées ne s'y trouvent pas, ou n'y existent qu'en très-petite quantité. Ils ont trouvé quelques plantes marines autour de Clermont, principalement dans la petite plaine de Salins, dont l'eau est très-

légèrement saumâtre, et le sol léger, formé de débris la plupart volcaniques; elle est cultivée en jardins maraîchers, et les légumes y viennent très-bien, sans participer à la qualité de l'eau. « L'existence de ces plantes maritimes,
» dans le centre du Continent et dans des terrains peu ou
» point salés, est assez remarquable pour la géographie
» botanique; et si l'on réfléchit qu'elles se trouvent au
» pied d'un groupe de volcans éteints, et que ces volcans
» ne semblent pouvoir brûler que par le concours de l'eau
» de la mer, peut-être seroit-on tenté de regarder ces
» plantes comme des restes et des indices de l'antique sé-
» jour de la mer au pied des montagnes de l'Auvergne. »
(*Mémoires publiés par la Société d'Agriculture de Paris,* in-8°, tome XV, page 208.)

On trouve quelques détails sur la mesure des hauteurs de l'Auvergne dans les *Mémoires de l'Académie des Sciences*, cités par M. *Cotte* (*Mémoires de météorologie,* au mot *Clermont*), et des topographies médicales, assez intéressantes, par MM. *Brieude* et *Delarbre*, dans les *Mémoires de la Société royale de Médecine,* 1783 et 1787.

§. II. *Caractère.*

« A l'égard du caractère de l'esprit des habitans, ceux
» de la Limagne sont laborieux, mais pesans, grossiers
» et sans industrie, en sorte qu'ils tirent rarement quel-
» que profit de leur travail : aussi sont-ils tous fort pauvres.
» Au contraire, ceux de la montagne sont vifs et indus-
» trieux, et subsistent abondamment des ventes de leur
» bétail et du fromage; mais ils sont tous extrêmement
» paresseux. Ce caractère, joint à la vivacité et à la fi-

» nesse de l'esprit, se trouve commun dans le territoire
» d'Aurillac. Il y a de plus quelque malignité dans les
» habitans de celui de Saint-Flour. Les peuples du Mont-
» d'Or sont grossiers, et en quelque sorte sauvages. Ceux
» qui ont plus de commerce, tels que les habitans de
» Thiers, d'Ambert et des environs, sont doux et socia-
» bles, mais un peu simples. »

Après ces portraits, l'on s'attend que l'auteur va dire
ce que le Gouvernement peut faire pour corriger les paresseux, instruire les simples et polir les sauvages; mais
il se contente ici de peindre le mal sans proposer le remède.
Ce seroit pourtant le devoir d'un administrateur. Il faut
rendre meilleurs les hommes qu'on veut gouverner.
L'assemblée provinciale avoit senti cette vérité; mais cette
assemblée n'a fait que paroître, et les autorités qui lui ont
succédé étoient également des ombres passagères.

Voyez ci-après, à la fin des numéros 21—22.

§. III. *Navigation intérieure.*

« L'Allier partage l'Auvergne dans la longueur de la
» Limagne. Cette rivière n'est navigable que depuis
» Brassac, au-dessus de Maringues et du Pont-du-
» Château; mais ce n'est qu'en certaines saisons, parce
» que les gelées en hiver, et les sécheresses en été,
» y font manquer d'eau. On a proposé divers expédiens
» pour y rémédier, entre lesquels il n'y en a point de
» plus apparent que de retenir les eaux des rivières et
» des ruisseaux qui s'y déchargent, pour les lâcher par
» le moyen de quelques écluses, lorsque son cours
» seroit affoiblie. Il faudroit, à cet effet, détruire
» l'écluse du Pont-du-Château, qui est extrêmement dan-

» gereuse, à cause d'une grande chute qu'elle y forme ;
» et il seroit aisé de le faire, en dédommageant le
» seigneur de son droit de passage et de la pêche du
» saumon. Il faudroit aussi resserrer le lit de l'Allier, et
» le vider de temps en temps, à cause des terres et gra-
» viers que les eaux sauvages y amènent en été par
» les orages et la fonte des neiges. Cette rivière sert
» à voiturer le charbon de terre que l'on tire de Brassac,
» Sainte-Florine, Charbonnière, etc., etc, aussi bien
» que les mâts de vaisseau que le Roi fait couper à la
» Chaise-Dieu; mais elle seroit bien plus utile à la pro-
» vince, si elle pouvoit servir au débit des vins qui sont
» toujours à non-valeur.

» La Cioulé (ou Sioule) passe à Mérat et à Saint-
» Pourçain, dans la généralité de Moulins ; mais si son
» canal étoit nettoyé des pierres et des roches qui s'y
» rencontrent, et que l'on eût détruit quelques moulins,
» dont les écluses interrompent la navigation, elle seroit
» fort utile, sur-tout au débit des bois du pays de Com-
» brailles. »

Voilà, Monsieur, ce qu'un intendant d'Auvergne demandoit en 1697, pour faire profiter le pays du cours de ses rivières. Dès-lors on *proposoit des expédiens ;* on indiquoit des mesures, on signaloit les entraves que la mauvaise construction des écluses des moulins oppose par-tout à la navigation intérieure. Qu'a-t-on fait depuis l'époque de ce mémoire? Où en est-on aujourd'hui à cet égard ? Je crains bien qu'on ne soit pas plus avancé en 1815 qu'on ne l'étoit en 1697. Je vois du moins que votre assemblée provinciale méditoit, en 1788, de lever *les obstacles qui interrompent une partie de l'année la navigation de l'Allier.*

Cependant, s'il falloit en croire la carte hydrographique de la France, les deux départemens formés de la ci-devant Auvergne devroient jouir d'une navigation bien différente de celle dont parle le Mémoire de 1697. Suivant cette carte, dans le Cantal, le Cer seroit navigable de Roquebrun jusqu'à la Dordogne; et la Trueyre, de Château-Aigues, aussi jusqu'à la Dordogne. Dans le Puy-de-Dôme, on auroit trois rivières navigables : la Dore, renommée par ses papeteries, seroit navigable de Courpierre jusqu'à l'Allier; la Dordogne, de Souillac à la Garonne; et l'Allier enfin, depuis Vichy jusqu'à la Loire. Mais ce qu'on trouve sur le papier n'est pas toujours sur le terrain. Il seroit à désirer pour votre pays que ces détails fussent fidèles, et que l'indication de la carte ne fût pas bornée à la simple possibilité des navigations, qu'elle fait croire existantes.

Je continue l'extrait du Mémoire de l'intendant :

§. IV. *Noyers*.

« Les noyers sont fort communs dans l'étendue de la
» Limagne, et l'huile qu'on en tire est une marchandise
» de bon débit, parce que le paysan s'en sert pour po-
» tage; et c'est presque la seule nourriture, ce qui est
» étonnant, vu que le pays est d'ailleurs si abondant; mais
» les impositions dont les peuples sont chargés, ne leur
» permettent pas de jouir des biens naturels de leur
» patrie. »

Prenez garde à cette dernière phrase, qui se trouve sous la plume d'un intendant de province! c'étoit un *Lefebvre d'Ormesson*. Sa mémoire doit être honorée, quoiqu'il ait sacrifié au préjugé de son siècle, en appelant la révocation de l'édit de Nantes le plus *glorieux ouvrage du Roi*, le plus *avantageux à la religion* et le plus *utile à l'Etat*. Au surplus, il importeroit de savoir si les noyers sont encore communs ; s'ils ont résisté au grand hiver de 1709 ; si le peuple de la Limagne est encore réduit à faire sa soupe avec de l'huile de noix, qu'il vaudroit mieux réserver pour l'usage de l'imprimerie et des autres arts qui l'emploient.

MM. *Decandolle* et *Dunan* nous parlent du noyer dans leur *voyage botanique* que j'ai déjà cité plus haut. « Le noyer, disent-ils, est un objet considérable de l'in-
» dustrie agricole de l'Auvergne, du Limousin et du Pé-
» rigord, et s'y cultive soit pour son fruit, soit pour son
» bois : ce dernier emploi est sur-tout important dans
» l'Auvergne, où le bois de noyer est assez abondant pour
» servir de bois de chauffage aux riches ; et dans le Bas-
» Limousin, où on l'emploie à la fabrication des bois de
» fusil de la manufacture de Tulle. Dans presque toutes
» ces provinces, les noyers sont greffés sur eux-mêmes
» pour en rendre la végétation plus lente au printemps. Il
» est malheureux que le noyer tardif ne soit pas générale-
» ment substitué à l'espèce commune par le moyen de la
» greffe. » (*Mémoires de la Société d'Agriculture de Paris*, tome XV, page 227.)

§. V. *Vin*.

« Les peuples seroient bien heureux de trouver seule-
» ment le débit facile de leurs denrées, puisque le manque
» de consommation en fait périr une infinité inutilement
» entre leurs mains sans qu'ils osent s'en servir. C'est ce
» qui se voit particulièrement à l'égard des vins, qu'on
» doit mettre au rang des méchantes denrées, parce que

» la culture des vignes coûte beaucoup, aussi bien que
» les frais de la vendange ; et que néanmoins le prix ordi-
» naire du vin ne passe pas un sou la pinte. »

Cet *Auvernat fumeux* n'avoit pas une bonne réputation à Paris du temps de *Boileau*; mais il est probable que vos vins se seroient perfectionnés s'ils avoient eu des débouchés plus faciles. L'intérêt vous auroit éclairés sur l'œnologie : c'est le premier des instructeurs.

M. *Decandolle* a fait quelques remarques sur les vignes du centre de la France.

« Le grand plateau primitif qui occupe le centre de la
» France, et notamment les départemens du Puy-de-Dôme,
» du Cantal, de la Haute-Vienne et de la Creuse, est
» presque entièrement dépourvu de vignes, soit à cause
» de sa hauteur absolue au-dessus du niveau de la mer,
» soit parce que le terrain granitique est, en général, peu
» favorable aux vignes, soit parce que la proximité où
» ces pays se trouvent de cantons plus favorables à la
» vigne, y rend cette culture peu avantageuse. »

Comment se fait-il néanmoins qu'avec ce vil prix des vins du cru, et la facilité d'en trouver dans le voisinage, vos pauvres montagnards soient privés de cette boisson ? M. *Legrand d'Aussy* dit positivement qu'ils ne connoissent d'autres boissons que l'eau, ou cette espèce de petit-lait qui sort du fromage lorsqu'on le met à la presse. Vous avez tant de fruits et tant d'autres moyens de suppléer au vin, qu'il est inconcevable que vos montagnards ne sachent pas s'en servir. On peut consulter à ce sujet un Mémoire lu à la Société d'Agriculture de Lyon, le 5 janvier 1787, sur *les boissons vineuses à la portée de la classe du peuple la plus pauvre*, par M. *Willermoz*; et nos notes sur les *vins de fruits*, dans l'édition in-4°. du *Théâtre d'Agriculture* d'OLIVIER DE SERRES.

§. VI. *Marais.*

« Il ne reste (en 1697) que deux marais à dessécher
» dans la province, savoir la Narée de Noailles dans la
» paroisse de Valengheol, et la Narée de Lascors dans
» celle de Cuissac, élection de Saint-Flour. »

Narée est sans doute un terme du pays. Ces marais existent-ils encore? Quelle en est l'étendue?

§. VII. *Desséchement.*

« Il y avoit un terrain inondé dans l'élection de Cler-
» mont, qui étoit nommé *le lac de Statlïeure*, lequel a
» été desséché par le travail du sieur *d'Estrada*, allemand,
» dont le fils naturalisé est seigneur en partie du lieu de
» Cornon, et possède, dans l'endroit où étoit ce lac, un
» des plus beaux domaines de la province. »

Voilà certainement un exemple bien remarquable et bien digne d'être imité. Pourquoi faut-il que nous ayons eu besoin de recevoir cette leçon, ce service, de la part d'un étranger?

§. VIII. *Chemins.*

« Les chemins sont fort bien entretenus dans les quatre
» élections qui composent la Basse-Auvergne ; mais il
» n'en est pas de même de la Haute, où l'âpreté des mon-
» tagnes les rend naturellement fort difficiles. La nécessité
» du commerce obligera d'y faire de grandes réparations,
» principalement à l'égard des ponts, qui sont par-tout
» en fort méchant état ; mais comme elles ne se peuvent

» exécuter sans une dépense considérable, il n'est pas à
» propos de s'en expliquer pendant la guerre. »

Et voilà toujours la guerre, qui est la raison d'ajourner les besoins des peuples et d'éluder les vœux de l'agriculture et du commerce! La guerre dont il s'agissoit alors étoit celle de la succession d'Espagne. Nous reviendrons encore à cet article des *Chemins*.

§. IX. *Cures*.

« Il n'y a presque point de cures considérables, étant
» toutes à portion congrue, ou de celles à qui on a aban-
» donné la dîme, parce qu'elle ne la valoit pas. »

Les autres bénéfices, abbayes, prieurés, étoient plus richement dotés; mais cette dégradation de l'état des pasteurs ne pouvoit qu'influer sur le moral des peuples.

§. X. *Clergé*.

« Le clergé de la Haute-Auvergne est par-tout assez
» relâché; la difficulté des chemins et la rigueur des
» hivers dérobant sa conduite à la connoissance de ses
» supérieurs. »

Nouvel aveu naïf du défaut de police et du désordre inévitable qu'introduit, dans toutes les classes de la société, le défaut de correspondance et le mauvais état des communications !

§. XI. *Noblesse*.

« Comme l'éloignement de cette province et l'âpreté
» du pays y favorisent le relâchement, les rois y ont de
» temps en temps envoyé des juges extraordinaires, avec
» commission expresse pour faire le procès à ceux qui

» leur seroient dénoncés, et particulièrement aux gentils-
» hommes qui manquent d'obéissance aux ordres de la
» cour et des intendans, ou qui vexent leurs vassaux et
» leurs voisins. Cette juridiction a été nommée *les grands*
» *jours*. Il y en eut en 1665 qui firent main basse sur
» la noblesse. Il y en avoit eu d'autres en 1581 sous
» Henri III. »

Je ne fais aucun commentaire sur ce dernier article, qui n'est ici que comme mémoire et comme curiosité historique. Je voudrois savoir seulement si les arrêts de ces *grands jours* ont été imprimés dans le temps.

§. XII. *Fromage.*

« Les bestiaux sont, sans contredit, la principale res-
» source de l'Auvergne. Les pâturages sont partagés par
» rapport aux différens usages qu'on fait de ces bestiaux.
» Les uns sont excellens pour la graisse, les autres pour
» le lait, dont on fait le beurre et le fromage. Les meil-
» leures montagnes sont celles de Salers. Les bestiaux
» qui y pâturent donnent une telle quantité de lait, que
» ceux qui en prennent soin rendent à chaque propriétaire
» de vaches deux quintaux de fromage, ou à chaque pro-
» priétaire de fonds la même quantité par chaque vache
» qu'ils y mènent pâturer. Le quintal se vend depuis
» 11 liv. jusqu'à 13 liv. »

Attachons-nous de préférence à cet article, qui paroît être le plus intéressant de votre économie rurale ; et pour n'en pas faire à deux fois, joignons à ces renseignemens du siècle de Louis XIV, ceux que nous ont transmis les ouvrages les plus récens.

M. *Legrand d'Aussy*, auteur d'un *Voyage d'Auvergne*,

en 1788, n'a pas négligé vos fromages, quoiqu'il n'en fasse l'éloge qu'avec de grandes restrictions. Il dit d'abord que vos vaches montagnardes, soit à raison de la médiocrité de leur taille, soit par la qualité des herbages dont elles se nourrissent, ont peu de lait. Dans certains cantons où il a fait des questions à ce sujet, on lui a dit :
« Que ces vaches n'en donnent guère que deux ou trois
» pintes par jour, tandis qu'en Flandre et en Normandie
» ces mêmes animaux en donnent presque habituellement
» depuis six jusqu'à douze pintes. Il ajoute expressément :
» Le fromage, quoiqu'il ait une certaine renommée, est
» d'une qualité médiocre; et j'en suis d'autant plus surpris, que les plantes et les simples qui naissent sur les
» montagnes ayant une vertu reconnue, cette vertu doit
» être commune aux herbages. Il a sur-tout un grand
» défaut, c'est de se gâter sur mer, et de ne pouvoir par
» conséquent servir à l'approvisionnement des vaisseaux ;
» mal inappréciable et d'autant plus grand, que ce débouché fourniroit seul à une consommation immense.
» Les Auvergnats, en convenant avec franchise de la
» mauvaise qualité de leurs fromages, en rejettent la
» faute sur les *buronniers*. (Les *burons* sont en Auvergne
» ce que les *chalets* sont en Suisse.) Plusieurs fois on a
» exhorté ces buronniers à travailler comme on le fait en
» Suisse. On a même fait venir, pour les instruire dans
» le métier, des *fromagers* de ce pays. Loin d'écouter les
» *fromagers* suisses, ils les ont tant tourmentés, que
» ceux-ci, après bien des vexations, des injures et des
» mauvais traitemens, ont été obligés de quitter l'Auvergne et de retourner chez eux. » M. *Legrand d'Aussy* ajoute que l'assemblée provinciale vouloit y revenir, et

que parmi les vues intéressantes de M. *de la Fayette* pour l'amélioration de l'Auvergne, il n'avoit pas omis le projet d'y appeler de nouveau des fromagers hollandais et suisses. En effet, je trouve, dans le rapport fait à cette assemblée sur l'agriculture, un article où l'on dit que les bêtes à cornes se divisent entre les montagnes d'engrais et les montagnes à fromages ; que si quelques montagnes donnent deux quintaux par vache, il y en a beaucoup plus qui ne produisent pas un quintal, ce qui dédommage à peine des frais ; qu'il paroissoit possible de relever l'espèce des taureaux par des encouragemens, et de perfectionner celle des fromages, pour les adapter à l'usage de la marine ; que ce seroit l'ouvrage du temps, et qu'il en faudroit beaucoup sans doute pour obtenir le moindre changement sur cet objet.

Hélas ! oui, toute amélioration veut du temps et de la persévérance. Nous ne savons que commencer beaucoup ; mais apprenons à persister, si nous voulons achever.

M. *Meunier*, ingénieur en chef des ponts et chaussées à Angoulême, nous a donné, en 1804, quelques détails plus précis, mais trop courts, sur le même article. Il nous apprend que « la culture se fait généralement par
» des métayers dans le département du Cantal ; que cha-
» que domaine est composé d'une ou de plusieurs mé-
» tairies, dans chacune desquelles on tient de trente à
» soixante vaches, selon son étendue et ses pâturages.
» Toutes les productions se partagent par moitié, à l'ex-
» ception du produit des vaches, qui consiste, pour la
» portion du propriétaire, en sept myriagrammes un tiers
» (environ un quintal et demi) de fromage, appelé *fro-*
» *mage de forme* ou *d'Auvergne*, qui est le même que

» celui du Puy-de-Dôme. On le vend communément 36
» à 40 francs le quintal. La portion du métayer consiste
» dans les veaux qu'il vend ou qu'il élève, et dans les
» cochons qu'il peut nourrir avec le résidu des fromages
» et du lait de la métairie. Il suffit qu'à l'expiration du
» temps qu'il doit jouir, il laisse dans la métairie le
» même nombre de vaches qu'il a trouvé en entrant. On
» peut déterminer la valeur d'un de ces domaines, en
» évaluant à 2000 francs chacune des vaches qu'on a
» coutume d'y tenir. Les vaches sortent des écuries dans
» l'intervalle du 1er avril au 1er. mai, pour aller paître
» dans les montagnes, où elles couchent en plein air, et
» où on les trait pour en porter le lait dans un petit
» bâtiment, composé d'une cave, d'une chambre au rez-
» de-chaussée, et d'un toit à cochons. C'est là où se fait
» le fromage de la montagne, que le troupeau quitte au
» commencement d'octobre pour rentrer dans les écuries
» du domaine, où il est nourri des foins et des pailles
» qu'on a récoltés dans la belle saison. On en trait pa-
» reillement le lait pour faire le fromage comme on le
» fait dans la montagne ; mais le lait est alors moins
» abondant et d'une qualité inférieure, ainsi que le fro-
» mage qui en résulte. »

Si ces données, Monsieur, étoient plus certaines pour nous, nous pourrions hasarder nos vues sur les moyens bien simples d'améliorer vos fromages, sans même avoir besoin de faire venir de la Suisse des professeurs à cet égard. Les *chaumes* de nos Vosges, les montagnes du Jura nous sont assez connues ; et il en sort de bons fromages. Nous avons des notices sur les *associations fruitières* des Alpes. Quelques primes bien entendues exciteroient, à peu de frais, une émulation nouvelle parmi vos *buronniers*. Vos vaches, mieux traitées, donneroient bientôt des produits plus abondans et plus solides ; mais ce sont de ces choses sur lesquelles nous sentons bien qu'on ne peut raisonner de loin, ni spéculer d'après des écrits superficiels. Nous attendrons de vous des notions plus positives, avant de nous permettre d'avoir un avis là-dessus.

Mais il est d'autres points traités dans les écrits modernes, sur lesquels nous pouvons nous prononcer plus franchement ; et nous allons continuer de les parcourir avec vous, en suivant à-peu-près l'ordre des temps où ces écrits ont été publiés.

§. XIII. *Seigle d'Auvergne, Seigle de mars, Marsèche.*

On n'a connu long-temps que le seigle d'automne. En 1771, un pionnier qui travailloit pour M. *Scevole*, prieur d'Argenton, en Berry, lui apporta de l'Auvergne huit onces de seigle de mars. C'étoit une nouveauté pour lui. Il sema ce grain le 15 avril, sur des planches de son jardin, où l'on n'avoit mis aucun engrais ; et il fut aussitôt mûr que les seigles qu'on avoit semés dans le mois d'octobre. Ces huit onces de seigle en produisirent quatorze livres, ou deux cent vingt-quatre onces. M. *Scevole* rendit compte de ce fait dans la *Gazette d'Agriculture*, du 16 mai 1772.

En 1772, M. *Désistrières*, lieutenant-général de Carladès, dans votre Auvergne, fit paroître un petit ouvrage intitulé : l'*Art de cultiver les pays de montagnes.* Il y parle du seigle de mars plus pertinemment qu'aucun agronome français ne l'avoit fait jusqu'alors.

Selon lui, la marsèche, l'orge, l'avoine et le sarrasin, sont les quatre grains qui réussissent le mieux dans la Haute-Auvergne; savoir : les marsèches, dans presque tous les pays de montagnes et dans la plupart des vallées; les sarrasins, dans quelques vallons, sur-tout aux environs d'Aurillac, vers le midi et le couchant des montagnes du Cantal; l'orge, dans la Planèze, au levant des montagnes; et l'avoine, dans presque tous les pays des montagnes les plus humides et les plus élevées. Quant au seigle de mars, ou marsèche, cette plante est, dans votre climat, supérieure à tous les autres blés de mars, et on ne sauroit trop en recommander la culture. Deux récoltes de ce grain, deux années de suite, font disparoître la crête de coq, vulgairement nommée *tartarièze*, la plante la plus mauvaise, comme la plus commune en Auvergne. C'est du moins ce qu'assure M. *Désistrières*.

Vous trouverez, Monsieur, de plus grands détails à ce sujet dans mon *Art de multiplier les grains, ou Tableau des expériences qui ont eu pour objet d'améliorer la culture des plantes céréales, d'en choisir les espèces, et d'en augmenter le produit.* J'ai fait venir de la marsèche du Cantal; mais ce grain m'a paru dégénéré et fort inférieur au seigle de mars des Hautes - Alpes. Ce seroit le cas d'en renouveler l'espèce, en tirant les semences d'ailleurs, et en établissant dans votre pays les pépinières céréales que je conseille dans mon ouvrage.

Vous y verrez aussi l'usage qu'on a su faire, en plusieurs pays, du seigle et d'autres céréales que l'on coupe en vert pour fourrages, dont on prolonge l'existence pendant plusieurs saisons, au moyen de ces coupes; du mélange qu'on fait du seigle et du froment, et qui se soutient sous la neige, etc., etc. Vous trouverez enfin beaucoup de procédés qui semblent inconnus à vos cultivateurs.

Mais tout cela ne fera rien, si vous n'admettez pas dans votre économie rurale le secours des prairies que l'on nomme artificielles.

§. XIV. *Prairies artificielles.*

En rendant justice à l'ouvrage de M. *Désistrières*, nous devons observer que cet auteur est resté fort au-dessous de M. *Costa*, qui avoit traité le même sujet en Savoie, sous le titre d'*Essai sur l'amélioration de l'agriculture dans les pays montueux*. M. *Costa* étoit dans les bons principes, sur la meilleure manière de confectionner et d'employer les fumiers, et principalement sur l'avantage d'un assolement bien combiné, ou d'une alternative de cultures, fondée sur celles des prairies artificielles intercalées avec les grains. Ces deux objets, le fumier et l'assolement, sont les deux pivots de tout système agraire; mais nous ignorons jusqu'à quel point et comment cette vérité est réduite en pratique, soit dans vos plaines, soit sur vos montagnes. Nous craignons qu'elle y soit peu connue.

M. *Arthur Young* vous en faisoit le reproche en 1787.

MM. *Decandolle* et *Dunan* le répètent en 1811, dans la conclusion du récit abrégé de leur *Voyage agronomique dans les départemens du centre*. Voici comme ils s'expliquent par l'organe de M. *Decandolle*:

« Dans cette énumération rapide des cultures propres
» au centre de la France, il ne me reste plus à parler
» que des prairies. Les prairies naturelles sont très-com-

» munes sur les montagnes d'Auvergne et dans la vallée
» de la Charente ; on les retrouve en Auvergne dans
» quelques vallées qui seroient susceptibles d'une culture
» régulière, comme, par exemple, dans la vallée du
» Cer. La principale industrie du Cantal et d'une partie
» du Mont-d'Or, est de profiter de ces prairies pour l'édu-
» cation des bestiaux et la fabrication des fromages....
» Les habitans du Cantal mettent à l'irrigation de ces
» prairies un soin qui mérite des éloges..... Au reste,
» des prairies naturelles destinées, en très-grande partie,
» au pacage, peuvent bien enrichir leurs propriétaires
» par l'industrie qu'elles font naître ; mais elles contri-
» buent peu à l'amélioration générale du système agricole
» d'une province : la plus grande partie de l'engrais des
» bestiaux est perdue par le pacage ; et les terres culti-
» vées, dépourvues d'une suffisante quantité d'engrais,
» sont forcément livrées à l'usage des repos plus ou
» moins rapprochés. Ce n'est que par l'introduction des
» prairies artificielles que ce fléau de l'agriculture peut
» être détruit. Toutes les provinces du centre sont encore,
» il faut l'avouer, singulièrement arriérées sous ce point
» de vue ; à peine y trouve-t-on çà et là quelques parti-
» culiers qui y aient introduit le trèfle, la luzerne ou
» l'esparcette. Aussi, à l'exception de quelques vallées
» privilégiées par leur fertilité, toutes les terres s'y cul-
» tivent-elles par des assolemens où la jachère revient
» tous les trois ans, ou, ce qui est pis encore, par le
» système de l'écobuage. La seule introduction des prai-
» ries artificielles, et sur-tout du trèfle, qui, mieux que
» tout autre, se prête à tous les terrains, sera pour ces
» provinces une source de richesse ; et cet objet est, à

» mes yeux, plus important à lui seul pour l'agriculture
» française, que tous les perfectionnemens de détail dont
» on s'occupe. »

Nous sommes de l'avis de M. *Arthur Young* et de
M. *Decandolle*. Nous avons peine à concevoir que le
trèfle soit négligé, et, l'on pourroit dire, ignoré dans
votre économie rurale. C'est par-là qu'il faut commencer
les améliorations dont vos contrées sont susceptibles.

§. XV. *Laves et basaltes.*

La nature même de votre sol granitique et volcanique
a été long-temps un mystère pour ceux qui le cultivoient.
Ce n'est que dans le siècle dernier que les progrès des
sciences naturelles ont appelé l'attention sur cet objet.
M. *Guettard*, M. *Desmarest* et d'autres physiciens
vous avoient révélé le mot de cette grande énigme ; mais,
de tous ceux qui ont écrit sur cette matière, celui qui
fait naître plus fortement l'envie de voir l'Auvergne, c'est
M. *Legrand d'Aussy*, dans son Voyage, imprimé à
Paris, in-8°., en 1788. J'ai lu et relu ce livre, rempli
d'un enthousiasme vraiment patriotique. Voici quelques
notes particulières que j'y avois prises dans le temps, et
que je n'ai pas eu le loisir de vérifier ou d'employer utile-
ment pour votre pays, comme je me le proposois. Il est
probable qu'on n'a rien fait encore des objets de ces
notes. En tout cas, je vous les livre, comme des points
de méditation et des textes à commenter, dans l'utile
projet que vous avez formé de résumer et de conférer
ce qu'on a pu dire de mieux sur les vœux, les besoins
et les ressources de l'Auvergne.

M. *Legrand d'Aussy* observe que les volcans de

l'Auvergne sont morts, mais qu'ils ont fait pour jamais de ce pays une province à part, et l'une des plus curieuses que l'on puisse visiter. C'est pourtant moins l'élévation de vos montagnes et le rayon visuel de quelques-unes d'entre elles dont le point de vue embrasse un cercle de plus de cent lieues; c'est encore moins, dis-je, cette hauteur de vos Puys qui me frappe d'étonnement, que cet énorme amas de basaltes, de laves, de scories, de verre noir, de cendres de fer fondu, dont sont couverts leurs flancs et leurs vallées; ce sont ces fleuves de matières volcaniques, ces torrens de feu qui s'étendirent au loin comme autant de rayons, dont les débordemens prodigieux se sont succédés, qui se sont figés les uns sur les autres, et dont en fouillant on retrouve les lits à des profondeurs et dans des dimensions surprenantes; ce sont ces fontaines bouillonnantes, si chaudes, qu'on ne pourroit y tenir la main sans douleur, et si abondantes, que la distribution de leurs eaux et de leurs vapeurs suffit à réchauffer pendant l'hiver les maisons de toute une ville (Chaudes-Aigues), et supplée à la rareté du bois; ce sont ces cascades qui, comme celle du Mont-d'Or, se délitent et reculent sans cesse; ces incrustations qui se reproduisent et forment des murs et des ponts naturels, etc., etc. Vous êtes au milieu des merveilles. Pourquoi ces merveilles sont elles stériles? Quel parti en a-t-on tiré jusqu'à présent? C'est ici que le voyage de M. *Legrand d'Aussy* contient des indications précieuses sur les améthystes que les Espagnols venoient chercher dans vos montagnes, et sur l'usage qu'on pourroit faire de presque toutes leurs autres substances. Il se demande pourquoi nos grands sculpteurs n'emploient pas quelquefois, pour certains ouvrages, les laves d'Auvergne. Ils en trouveroient dont le grain est très-fin, très-serré. Nos marbriers pourroient également tirer parti du basalte, qui peut se polir, et même se fondre. M. *Faujas de Saint-Fond* a proposé d'en couler des statues, qui, bien plus économiques que le bronze, seroient plus durables encore. Près de Montpellier, on en fait des bouteilles, noires à la vérité, mais plus légères et plus fortes que les bouteilles ordinaires.

La réponse aux questions que se faisoit M. *Legrand d'Aussy*, se réduit à l'excuse de l'ignorance. On ne se doutoit pas de tout ce que renferment vos montagnes. Pour y remédier, M. *Legrand d'Aussy* proposoit deux choses très-utiles : 1°. la formation d'un cabinet d'histoire naturelle de la province ; 2°. l'excavation d'un volcan.

§. XVI. *Cabinet d'histoire naturelle.*

Sur le premier objet, M. *Legrand d'Aussy* rappelle une vue qu'avoit eue M. *de Chazerat*, intendant d'Auvergne, lorsque M. *Turgot* occupoit le ministère des finances. Pour faciliter l'étude et perfectionner la connoissance de l'histoire naturelle du royaume, base nécessaire de toutes les spéculations rurales et commerciales, M. *de Chazerat* proposoit de pensionner dans chaque province un naturaliste habile; d'obliger ce pensionnaire à envoyer au cabinet du Roi tous les minéraux, les végétaux, etc., de son district, et d'assigner, dans le cabinet, aux productions de chaque district, un emplacement particulier. Ce projet fut écarté par la retraite de M. *Turgot*. Ce que l'état n'avoit pu faire alors, M. *Legrand d'Aussy* dit que l'honneur de cette entreprise devoit appartenir aux assemblées provinciales qui venoient d'être créées en 1787. Il désiroit donc que chaque province formât dans sa capitale un cabinet d'histoire naturelle, composé de ses seules productions. Depuis, j'avois fortement recommandé cette idée aux écoles centrales, ce qui auroit placé dans chaque chef-lieu de département une espèce de succursale du Muséum d'histoire naturelle de Paris ; mais au milieu de tant de changemens et de bouleversemens continuels des hommes et des choses, nous ignorons absolument ce qu'est devenu un projet, pourtant si raisonnable, et qui seroit si avantageux à chaque département.

§. XVII. *Excavation d'un volcan.*

Quant au second article, M. *Legrand d'Aussy* établit très-bien qu'un travail curieux et intéressant, seroit celui qui nous feroit connoître l'intérieur d'un volcan. Nous ne perçons guère que la croûte ou la superficie de notre globe. Il reste bien des découvertes à faire, en fouillant un peu plus avant qu'on ne l'a fait encore. De toutes les entreprises de ce genre, celle de nous dévoiler les entrailles d'un volcan, n'est sûrement pas la plus indifférente. C'est le volcan éteint de *Pariou*, ou le *Nid-de-la-Poule*, que M. *Legrand d'Aussy* désireroit de voir ouvert. Pour pénétrer dans le sein de ce volcan, il n'y auroit qu'à vider et débarrasser l'*abîme* ; c'est le nom que les naturalistes donnent à la cuve du foyer. L'honneur d'un projet si nouveau et si extraordinaire, semble en effet ne devoir appartenir qu'à l'Auvergne.

M. *Legrand d'Aussy*, qui avoit vu les lieux, ne pensoit pas qu'il fallût d'excessives dépenses pour un pareil travail, qui ne consisteroit que dans un déblayement de terres. A ce sujet, on aime à entendre l'auteur s'écrier : « Qu'est-ce qu'une dépense médiocre, pour obtenir un
» monument qui, dans l'univers entier, seroit unique, et
» qui, par la foule des curieux qu'il attireroit, deviendroit
» pour l'Auvergne un genre de revenu assuré? Quelle
» célébrité n'acquerroit pas son volcan? Où trouveroit-
» on ailleurs quelque chose qui en approchât, etc. ? »
J'abrége beaucoup les détails dans lesquels entre, à cet égard, l'auteur du *Voyage d'Auvergne*. Si ce projet est praticable, comme il est facile de s'en assurer, vous concevez, Monsieur, qu'il est de nature à récompenser par la suite les actionnaires qui en feroient l'entreprise ; soit par l'exportation des matières volcaniques, réunies dans des boîtes d'échantillons, ou diversement travaillées ; soit, sur-tout, par la foule des voyageurs et des curieux, empressés d'aller prendre, sans aucun danger, la nature sur le fait ; d'entrer, à leur aise, dans l'intérieur d'un de ces gouffres qui ressemblent aux soupiraux de l'enfer, et de l'examiner à loisir. Il n'y a personne que l'envie d'assister à cette démonstration d'un volcan, n'engageât à faire le voyage d'Auvergne. Nous allons bien plus loin, pour voir des choses bien moins curieuses. Des capitalistes estimables se sont honorés, en donnant à Paris l'exemple des ponts construits en fer. Ceux qui ouvriroient en Auvergne le *Nid-de-la-Poule*, ne placeroient pas moins bien leurs fonds, et auroient de plus la gloire de faire une chose grande et utile.

Il y auroit d'autres opérations plus simples et d'un

avantage plus immédiat, pour augmenter dans votre pays la masse trop circonscrite des terres cultivables. Ceci peut encore s'envisager sous deux points de vue différens; le premier, relatif aux portions du sol qui sont encore actuellement sous les eaux; le second, à l'usage que vous pourriez faire de la surabondance de vos neiges et de vos eaux, sur d'autres portions du sol qu'elles pourroient arroser et féconder. Reprenons successivement ces deux objets.

§. XVIII. *Lacs à dessécher.*

M. *Legrand d'Aussy* avoit très-bien conçu la première de ces vues. Vous ne manquez point à la terre; mais la terre vous manque. Ici je dois laisser parler M. *Legrand d'Aussy*, vu l'énergie et la franchise de ses expressions : « Il n'y avoit, dit-il, qu'un peuple aussi laborieux
» et aussi infatigable que les Auvergnats, qui pût ha-
» biter une pareille contrée. Aussi n'est-il aucun pays
» sur la terre qui fasse autant l'éloge de ses habitans.
» Le ciel ne leur avoit donné qu'un sol maudit; ils ont
» entrepris de le cultiver, et, malgré tous les obstacles
» que leur opposoit la nature, ils en sont venus à bout...
» Croiriez-vous qu'au mois d'août, j'ai vu de l'avoine,
» dont les tiges n'avoient que six ou sept pouces de
» haut?... Sur les monts d'Or, six mois de neige. Les
» terres n'y portent que du seigle et de l'avoine. Point
» de froment..... Je vous étonnerois étrangement si je
» vous conduisois sur certaines montagnes; par exemple,
» sur Gergoviat, Chanturgue, et les Côtes... Pour em-
» pêcher les terres de Gergoviat d'être emportées par les
» pluies, lorsqu'elles auroient été labourées, il falloit avant

» tout établir autour et sur la superficie de la montagne un
» large bourrelet, qui fît là ce que font des rebords autour
» d'un bassin. Gergoviat a quatre mille pas de circuit ; je
» les ai comptés. Par l'étendue de cette circonférence, jugez
» de l'entreprise ! Elle a cependant été exécutée, et l'a été
» avec les laves qu'il a fallu enlever ou arracher.... J'ai
» vu sur des revers escarpés de montagnes, des champs
» qui n'avoient pas trente pieds carrés. Un malheureux
» paysan avoit aperçu là un peu de terre, et il étoit venu
» y semer, à la bêche, quelques légumes. Tel est l'Au-
» vergnat ! Quelle que soit sa peine, s'il voit qu'elle le
» fera vivre, il la compte pour rien. »

O peuple bon et respectable! qui ne te rendroit pas hommage ! Qui ne voudroit pouvoir venir à ton secours ! D'autres, bien plus heureux, te serviront par leur puissance. Je n'ai que ma pensée, et j'aime à te la consacrer.

M. *Legrand d'Aussy* indique à vos compatriotes des moyens plus faciles d'obtenir un sol excellent. Il observe que le lac de Chambon, dans la Basse-Auvergne, étoit autrefois un large vallon traversé par un ruisseau. Des rochers, en s'éboulant d'une montagne, sont venus combler ce vallon à l'une de ses extrémités. Cette sorte de digue a fermé le passage aux eaux. « Actuellement,
» le lac diminue de grandeur ; avec le temps, il dispa-
» roîtra en entier, et ce temps n'est peut-être pas fort
» éloigné. Il seroit même fort aisé d'en hâter l'époque,
» si l'on entreprenoit de percer les roches éboulées, pour
» donner un écoulement aux eaux. Le projet a déjà été
» formé plusieurs fois. L'exécution n'en est restée sus-
» pendue que parce qu'elle exige des dépenses ; mais,
» dès l'instant qu'elle aura lieu, Chambon redeviendra

» ce qu'il étoit auparavant, c'est-à-dire un vallon, avec
» un ruisseau et de belles praires. »

Vous êtes à portée, Monsieur, de savoir si l'on a fait écouler les eaux du lac Chambon, et si les mêmes circonstances permettent d'appliquer la même spéculation à quelqu'un de vos autres lacs. Leur écoulement me paroît devoir être très-fructueux. Voyez ce qui est dit ci-dessus à l'article 7, sur le desséchement de l'ancien lac de Satlieure, par M. *d'Estrada*. Je suis convaincu qu'il en a été de même autrefois de votre belle Limagne. Cette langue de terre, aujourd'hui si productive, a été jadis un grand lac; c'est en la purgeant de ses eaux, qu'on est parvenu à en faire une terre de promission, comme la plaine de Graisivaudan, près de Grenoble; comme les bords de la Saône, au-dessus de Pierre-Encise, etc., etc. Quelle ressource incalculable assurent à la France tant de terrains du même genre, encore abimés et perdus sous les eaux meurtrières dont on peut les débarrasser !

§. XIX. *Irrigations artificielles.*

Mais il est un autre moyen que les habitans des montagnes et des plaines devroient employer plus souvent pour étendre le domaine de l'agriculture. Il faut que l'homme imite ce que les siècles ont fait. Au lieu de vous obstiner à défricher péniblement et imprudemment vos plateaux volcaniques, il faut profiter des gorges nombreuses et des enfoncemens multipliés qui se trouvent dans vos montagnes, pour y pratiquer des retenues d'eau et des réservoirs artificiels. Il faut sur-tout tirer parti des cours d'eau, des rivières, des ruisseaux, pour en dériver des canaux et des rigoles d'irrigation L'irrigation naturelle est sans doute la plus avantageuse ; mais nous pouvons, à son défaut, recourir à l'irrigation artificielle. Ce sujet a été bien traité dans plusieurs ouvrages, sur-tout dans un mémoire de M. *Fabre*, ingénieur en chef du département du Var, sur les *moyens de créer des sources artificielles, et de suppléer aux sources naturelles et aux rivières pour l'irrigation, la navigation intérieure, et l'établissement des usines et des fontaines publiques ou particulières.* Il propose d'imiter sur la superficie de la terre les procédés de la nature dans l'intérieur. Les montagnes et les collines nous offrent, à chaque pas, des gorges et des vallées qui, pour être converties en réservoirs artificiels, n'ont besoin que d'être barrés par une digue ou une chaussée. La digue de barrage doit être placée à l'endroit où la vallée se rétrécit, afin qu'elle donne le plus grand bassin possible, avec le moins de longueur possible. Pour diminuer les dépenses, cette même digue peut être faite en chaussée de terre, avec un grand talus pavé intérieurement et gazonné extérieurement. Pour empêcher les lapins, les taupes, etc., de la percer, il est à propos de construire dans son milieu un mur en bâtisse, seulement d'un quart de mètre d'épaisseur, afin de présenter un corps incorrosible qui arrête les affouillemens de ces animaux. Par ce moyen, l'on intercepte les eaux pluviales, celles des sources, celles des torrens, qui s'écoulent à pure perte et qui peuvent servir à tant d'usages. Vos montagnes vous offrent ainsi des trésors de neiges et d'eaux, actuellement perdues ou incommodes, et renferment pourtant le plus puissant moyen qui existe de créer, à volonté, de la verdure et des plantes. Jugez-en par l'effet magique qu'a produit en ce genre l'ancien aqueduc de Clermont, construit, dit-on, par les Romains pour conduire de l'eau à cette ville, et dont les débris négligés ont fait naître et entretiennent sur leur route, par la seule vertu de l'effusion de l'eau, le prodige des laves des volcans métamorphosées en prairies.

§. XX. *Semis et plantations:*

Après les eaux, viennent les bois. Votre pénurie en ce genre me paroît effrayante, d'après certains détails du *Voyage d'Auvergne*. M. *Legrand d'Aussy* nous dit dans un endroit que le pain de vos montagnards est de seigle, farine et son mêlés ensemble; ce qui le rend lourd, gluant et noir. « Ajoutez à cela que, comme on ne cuit que
» deux fois pendant tout l'hiver à cause de la rareté du
» bois, ce pain devient dur comme le biscuit des marins. »
Il paroît qu'à l'époque de ce voyage, c'est-à-dire en 1787, la parmentière ou la pomme de terre, cette vraie racine d'abondance, n'étoit pas encore connue dans votre pays. Il en auroit parlé. M. *Meunier*, qui a décrit, en 1804, le département du Cantal, dit que ce pays produit beaucoup de châtaignes, de pommes de terre et de sarrasin. Nous n'avons pas d'autres renseignemens, ni sur l'époque de l'introduction de l'usage des parmentières dans l'Auvergne, ni sur les variétés qu'on y cultive, ni sur la manière de les cultiver. Il y a des méthodes qui sont plus favorables les unes que les autres. Ce végétal est un de ceux qui, dans un espace borné de terrain, donnent proportionnellement plus de matière nutritive pour les hommes et pour le bétail. Mais enfin, les châtaignes e les pommes de terre ne se mangent pas crues. Il faut du

feu à l'homme pour tous les besoins de la vie ; et M. *Meu-nier* dit que le bois est généralement rare dans le département du Cantal, « et si rare, en quelques endroits de
» la montagne, que ses habitans y font sécher, dans la
» belle saison, la fiente de leurs vaches pour cuire leur
» nourriture en hiver. » M. *Legrand d'Aussy* avoit déjà remarqué que « la rareté et la cherté du bois de chauf-
» fage dans les montagnes devroient y rendre le paysan
» fort malheureux pendant son hiver. Il a trouvé le moyen
» de ne point se chauffer, en vivant avec ses troupeaux.
» Ordinairement son habitation est partagée en trois : à
» droite, l'étable ; à gauche, la grange ; au milieu, la
» maison : tout cela tenant ensemble et se communiquant
» par une porte. Quand le froid commence à se faire
» sentir, on quitte la maison, et la famille entière passe
» dans l'étable, qui, dès ce moment, devient l'apparte-
» ment d'hiver. » Cette manière de vivre est comme forcée par la disette des combustibles ; mais elle entraîne de grands inconvéniens, et sur-tout une oisiveté bien longue et bien pernicieuse. Suivant M. *Legrand d'Aussy*, l'année, pour vos montagnards, est partagée en deux semestres, l'un d'inaction entière, l'autre de peine. « En-
» core le semestre des travaux est-il, par la nature des
» productions qu'on recueille dans les montagnes, borné
» à trois époques de labeur : les semailles d'avoine en
» mai, après la fonte des neiges ; la coupe des foins,
» vers la fin de juillet ou au commencement d'août ; enfin
» la récolte des grains, à la fin d'août ou au commence-
» ment de septembre. Mais aussi, dès que la terre est
» couverte de neige, son oisiveté commence ; et elle dure
» six mois, sans aucun travail quelconque, et sans sortir

» de chez lui que pour aller à l'église, ou pour porter du
» blé aux marchés voisins. »

Votre assemblée provinciale avoit senti la nécessité de remédier à cet état de choses, à peine croyable dans une province de France, et qui nous prouve combien il y a de parties du royaume qui sont encore négligées ou inconnues. Quant aux bois, l'assemblée se proposoit de chercher les moyens de couronner d'arbres les territoires de montagnes, à présent inutiles, et qui offriroient une exploitation plus facile que la plupart de vos forêts. Ce n'étoit pas assez, sans doute : la perspective des bois à venir n'est pas une ressource présente. L'étude des localités et la connaissance des moyens d'économiser le combustible pourroient contribuer à améliorer en ce genre le sort de vos montagnards qui ont le charbon de terre à leur porte.

§. XXI. *Oisiveté des montagnards.*

Quant à l'oisiveté, votre assemblée provinciale avoit jeté les germes de beaucoup de projets utiles. Elle vouloit introduire le filage au rouet dans les villages, distribuer des métiers à tisser, établir une corderie et une manufacture de toiles à voiles, etc. C'est le travail qui est le père des mœurs et du bonheur social. On connoît des montagnes aussi âpres que le Mont-d'Or, mais dont les habitans, cultivateurs pendant l'été, sont artisans pendant l'hiver. Ils sont, comme ceux de l'Auvergne, ensevelis pendant plusieurs mois sous la neige ; mais ils ne sont pas sans rien faire. L'administration ne sauroit rendre à vos contrées un service plus important que d'occuper vos montagnards, et d'exciter chez eux un esprit d'industrie qu'il est si facile de faire naître et si doux de récompenser.

§. XXII. *Du sort des femmes.*

Tout se tient en économie rurale et politique. Dans l'état d'abandon, de dénuement et de paresse où l'on a malheureusement laissé vos montagnards, il a dû arriver chez vous ce qui existe encore sur tant d'autres points de la France ; c'est que le sort des femmes y est très-malheureux ; qu'elles ont été opprimées dans les temps anciens, et que nulle institution n'a allégé leur esclavage.

M. *Legrand d'Aussy* n'a pas dissimulé cette injustice ou cette erreur de vos compatriotes. « Ce sont les femmes,
» nous dit-il, qui sont chargées de tout le détail du mé-
» nage; ce sont elles qui traient les vaches, et font le
» beurre et le fromage : aussi se couchent-elles plus tard
» et se lèvent-elles plus tôt que les hommes. Est-il tombé
» une neige nouvelle qui ait comblé le chemin de la fon-
» taine, une d'elles se charge d'aller frayer un sentier
» nouveau. Enfoncée dans la neige, quelquefois jusqu'à la
» ceinture, elle va, revient plusieurs fois de suite, et
» aplanit enfin une route à ses compagnes. Un homme se
» croiroit déshonoré s'il alloit lui-même chercher de l'eau,
» et certainement il deviendroit le jouet du village. Ces
» rustres montagnards ont pour les femmes ce profond mé-
» pris et ce dédain despotique, qui sont propres à toutes
» les peuplades sauvages et demi-barbares. Ils les regar-
» dent comme des esclaves destinés à tous les travaux
» qu'ils réputent vils et qu'ils dédaignent. »

Nous avons la douleur de retrouver le même trait dans bien d'autres départemens de cette France, que l'on croit si fort civilisée et même si galante. Lisez ce que nous écrivoit, en 1797, un administrateur des Basses-Pyrénées

« La condition des femmes y est en général fort dure.
» Elles cultivent presque seules le blé, l'orge, le maïs et le
» lin, comme les femmes des sauvages autour des cabanes
» de leur maître : les hommes, qui se sont fait de leur
» houlette un sceptre de puissance maritale, sont ordinai-
» rement occupés du soin et de la garde de leurs troupeaux,
» dorment, chantent, jouissent dans les montagnes, et
» manipulent le laitage, tandis que les mains de leurs
» femmes et de leurs filles remuent péniblement la glèbe,
» ou que leur dos est courbé sous le poids de la hotte,
» pour porter l'engrais à des champs et des prairies qu'il
» faut escalader, ou pour en retirer les récoltes. Elles
» sont les ilotes d'un peuple berger. »

L'auteur de la *Description du département de l'Aveyron* a traité cet article d'une manière encore plus forte et plus touchante, en peignant le pays entre le Lot et l'Aveyron.

« Dans cette belle contrée, dit-il, le sexe est traité avec
» barbarie. On le contraint à travailler à la terre et à
» remplir la tâche pénible des agriculteurs. Aussi son
» physique s'en ressent-il.... Cet usage barbare ne seroit
» pas cependant impossible à extirper. On pourroit faire
» entendre à ces bons cultivateurs que leurs pères ont été
» les oppresseurs de leurs mères, et qu'ils doivent se hâter
» d'adoucir le sort de leurs compagnes... Elles n'ont pas
» les biens de leur sexe ; elles ont les maux de tous
» les deux, etc. »

Quelles sont les causes locales auxquelles doit tenir cet usage barbare ? Comment la morale chrétienne l'a-t-elle laissé subsister ? Quels moyens peut-on prendre pour adoucir le sort des femmes dans les classes peu fortunées ? Croyez, Monsieur, que ce problème est un des plus intéressans que l'on puisse résoudre. C'est l'éducation des femmes qui prépare celle des hommes, et le Gouvernement doit réparer le long oubli où on les a laissées. On est bien trompé sur ce point ; car on croit que les femmes ont eu toujours trop d'influence sur notre nation française : cela peut être dans les villes et dans les rangs plus élevés ; mais au sein des campagnes, on peut bien assurer que c'est tout le contraire.

§. XXIII. *Village en péril.* (*Roche-Blanche.*)

Je ne quitterai pas M. *Legrand d'Aussy* et son voyage, sans vous demander des nouvelles du sort d'une commune qui l'a vivement effrayé. « Le village de Roche-Blanche,
» près de Jussat, est situé auprès d'une montagne cal-
» caire, naturellement tendre et facile à couper. Diffé-
» rentes personnes y ont creusé des colombiers, des caves,
» et même des habitations qui, sans fenêtres et sans
» cheminées, offrent le spectacle de la plus affreuse mi-
» sère, et n'en sont pas moins remplies. Ces excavations
» pratiquées dans toute la longueur du rocher, n'ont pu
» se faire sans l'affoiblir beaucoup. De toutes parts il est
» entr'ouvert..... Avant peu, la masse perdant son équi-
» libre, écrasera tout-à-la-fois par sa chute et les maisons
» bâties sur le penchant de la montagne et la partie basse
» du village qu'elle domine..... La catastrophe dont
» est menacé le village de la Roche-Blanche, celui de
» Pradines, près d'Issoire, l'a éprouvée il y a quelques
» années. »

Je souhaite, Monsieur, que M. *Legrand d'Aussy* ait eu le tort d'avoir peur et qu'il ait été mauvais prophète ; mais c'est pourtant une information que je ne prends pas sans inquiétude. La misère et l'habitude produisent l'insouciance ; et il y a tant de maux particuliers, que le Gouvernement ne peut remédier à tous ceux qu'on a pu prévoir.

§. XXIV. *Chanvres.*

Si nous descendons dans la plaine, nous serons consolés par le magnifique spectacle de la plaine de la Limagne, sans pouvoir expliquer la contradiction cruelle qui paroît exister entre la fertilité du sol et le défaut de bien-être de ceux qui le cultivent. M. l'abbé *de Pradt* dit que *l'habitant de la Limagne d'Auvergne meurt de faim*. Si cela est vrai, il y a donc là quelque vice local qu'il faut connoître avant de le combattre et de l'extirper. Au surplus, là, comme en tout pays, on doit de préférence chercher à perfectionner et à faire valoir ce que le sol et l'industrie sont accoutumés à produire. Vous avez ainsi deux espèces de productions principales : dans la culture, c'est le chanvre ; et dans l'économie rurale, ce sont les bestiaux.

M. *Legrand d'Aussy* a dit peu de chose du chanvre. Votre assemblée provinciale promettoit de s'en occuper. M. l'abbé *de Pradt* a fait à ce sujet une observation qui est très-importante. Selon lui, « une cause d'insalubrité
» de la Limagne, c'est que ce pays produisant une im-
» mense quantité de chanvres, on les fait pourir (c'est
» son expression) dans des trous, vulgairement appelés
» *routoirs*. On les expose ensuite sur les chemins. Il est
» impossible de dire de quel méphitisme cette exposition,
» à ces fosses restées ouvertes, ces eaux croupies qui en
» découlent, remplissent l'atmosphère ; combien elles

» corrompent l'air et les eaux que boivent et que respirent
» les habitans, victimes de cette détestable pratique. »
Nous ignorons si M. l'abbé *de Pradt* a exagéré ou non la peinture du mal qu'occasionne, dans votre paradis terrestre de la Limagne, le rouissage du chanvre; mais si cet inconvénient est si grand, comment n'a-t-on pas encore cherché les moyens d'y parer? Ne pouvoit-on pas essayer plusieurs de ces moyens? C'est ici que la police doit interroger la science. Dans les Alpes et dans les Vosges, on rouit les chanvres, sans inconvénient, à la neige ou à la rosée. Ailleurs, il existe des routoirs publics, construits avec intelligence, et qui n'entraînent point les inconvéniens signalés par M. *de Pradt*. Il reste cependant encore des expériences à faire sur cette matière, même après les succès, trop tôt préconisés, de la méthode de M. *Bralle*. Nous ne nous permettrons pas de prescrire ce que l'on pourroit faire pour les chanvres de la Limagne. Il faudroit être sur les lieux, connoître parfaitement la météorologie du pays, et varier les essais qui serviroient à déterminer un procédé de rouissage exempt du méphitisme terrible et général qui nous effraye avec raison dans le tableau tracé par M. l'ancien archevêque de Malines. Aucune recherche ne seroit plus convenable et plus utile. L'Académie de Lyon en avoit fait le sujet d'un concours, qui a déjà produit des ouvrages fort estimables ; mais depuis, la chimie a fait de grands progrès, et peut-être obtiendroit-on aujourd'hui des résultats plus favorables, si l'on remettoit de nouveau cette question au concours.

Cette difficulté d'ailleurs paroît devoir bientôt cesser de nous paroître insurmontable. On propose tout récemment un procédé nouveau pour retirer le lin et le chanvre directement de la plante, sans la faire tremper ni rouir. Voyez, dans le *Bulletin de la Société d'Encouragement pour l'industrie nationale*, pour le mois de septembre dernier, l'article intitulé : *Nouvelle méthode de préparer le lin et le chanvre*, (XIVe. année, pag. 206.)

Je crois qu'il seroit très-utile d'instituer aussi une comparaison entre vos chanvres de Limagne et ceux de la vallée du Graisivaudan près Grenoble. La graine de ceux-ci se tire de Vizille. Elle est fort renommée. D'ailleurs, l'assolement des cultivateurs dauphinois paroît beaucoup mieux entendu que celui de votre Limagne.

Comment n'avez-vous pas aussi la culture du lin qui est souvent si productive, et que la nature elle-même semble vous indiquer; car je crois que le lin croît dans l'état sauvage parmi les plantes de l'Auvergne?

§. XXV. *Salaisons.*

Les produits du bétail ne se bornent pas aux fromages ni à l'engrais des animaux. Votre assemblée provinciale avoit conçu l'idée de rétablir les tanneries, et de vous procurer sur-tout un débouché immense, en faisant un établissement pour les salaisons de la marine. C'est une partie dans laquelle nous sommes très-mal-à-propos tributaires de l'étranger. Sur mes observations, la Société d'Encouragement pour l'industrie nationale a fait des salaisons l'objet d'un concours solennel, et dont on espère obtenir des résultats avantageux. La spéculation de l'apprêt de ces salaisons pourroit devenir très-utile à vos départemens et aux départemens voisins. On en indiquoit le local, soit à Peymière, à cinq lieues d'Aurillac, soit à Castelnau de Bretenon, que l'on auroit préféré, parce que la Dordogne y est navigable. Les circonstances actuelles ramèneront bientôt les vues sur cet objet. Il est aisé d'en calculer les avances indispensables, et d'en préjuger les produits; mais ces calculs doivent porter sur les connoissances locales et les notions positives que l'on ne peut se procurer que dans le pays même. Un prospectus bien fait décideroit ceux qui pourroient s'intéresser à l'entreprise, soit à Paris, soit dans nos ports. C'est vers les projets de ce genre qu'il faut tâcher de diriger l'activité nationale, à laquelle on ne peut offrir trop d'alimens, pris dans l'intérieur, et propres à développer les ressources immenses que la France possède, mais dont elle a besoin qu'on lui révèle le secret.

§. XXVI. *Vues de l'assemblée provinciale d'Auvergne.*

Votre assemblée provinciale avoit eu, en grande partie, toutes ces pensées si heureuses. Son rapport sur l'agriculture sera toujours un monument de son zèle et de ses lumières. Elle n'oublioit ni les haras, ni les eaux minérales; mais ces deux objets ont sans doute fixé les regards directs du Gouvernement. On auroit pu y joindre la perspective de l'exploitation des mines que vos montagnes contiennent indubitablement; mais M. *Legrand d'Aussy* avoit déjà fait remarquer que le défaut de chemins, de bois et de rivières, y rend presque partout leur exploitation si pénible et si coûteuse, que difficilement on peut se résoudre à en faire la recherche. Avant tout, il faut donc débarrasser les rivières, semer et planter des bois, et sur-tout faire des chemins. Ce dernier point est le premier dont doivent s'occuper les administrateurs. Votre assemblée provinciale en a bien senti l'importance. Elle dit avec énergie, mais avec vérité, que la province d'Auvergne « a été tellement oubliée dans » la distribution des routes, qu'à l'inspection de la carte » des postes, on seroit tenté de croire que cette partie » du royaume n'est pas habitée. » Cela étoit à la lettre en 1788. Cela est-il encore en 1815 ?

Les conseils généraux des départemens auroient voulu suivre les traces de l'assemblée provinciale; mais on n'en avoit fait que des simulacres muets, ou, s'ils s'avisoient de parler, on ne pouvoit pas les entendre; la guerre absorboit tout.

Espérons, Monsieur, espérons que cela changera. C'est un vœu que je fais pour toutes nos provinces, dont chacune a été pour moi l'objet d'un travail spécial semblable à celui-ci, indépendamment de celui que j'ai fait sur l'ensemble des vœux et des besoins de l'agriculture française. J'ai dû envisager l'Auvergne avec d'autant plus d'intérêt que vos départemens, comme tous ceux du centre, sont plus abandonnés, plus oubliés, plus dénués de tout ce que l'on trouve plus ou moins dans les autres. Il me paroît que vous n'avez ni jardins botaniques, ni grandes pépinières, ni Sociétés d'Agriculture. Vous n'avez nulle idée de ces comices agricoles, qui devoient avoir lieu dans tous les arrondissemens, comme je crois l'avoir prouvé dans mon *Traité de l'art de multiplier les grains*. Vous n'avez point de statistiques du Puy-de-Dôme ni du Cantal, du moins je ne les connois pas. Je sais seulement que M. *Ramond* a des travaux précieux sur vos montagnes. Ces travaux sont encore manuscrits. Enfin, vous avez l'air d'être isolés au milieu de la France.

Votre peuple est bien misérable; mais il mérite un meilleur sort. Que je m'estimerois heureux de pouvoir attirer sur lui une attention sérieuse! J'aime indistinctement les pays de montagnes; mais j'honore sur-tout celui qui a eu l'avantage de donner à la France le chancelier de l'*Hôpital*, *Pascal*, *Domat*, *Lesage*, l'abbé *Girard*, *Thomas* et *Delille*. Ainsi, c'est de l'Auvergne que sortirent primitivement et nos plus belles *ordonnances*, et les *Lettres provinciales*, et le *Traité des lois civiles*, et *Gilblas*, le modèle des romans; et les *Synonymes français*, et les *Éloges de nos grands hommes*, et les traductions en vers des *Géorgiques*, du *Paradis perdu*, etc. Quels hommes! quels ouvrages! Ceux-là, Monsieur, en valent d'autres. L'Auvergne doit en être fière; mais elle devroit, ce me semble, rappeler leur mémoire par quelque monument. Si je montois au Puy-de-Dôme, je voudrois y trouver un obélisque pour celui qui le premier fit peser l'air. Si j'assistois à l'audience de la cour de Riom, j'y chercherois le buste du chancelier de l'*Hôpital*.

J'ai l'honneur de vous saluer avec l'attachement qu'on doit à tout ami du bien public.

Le président de la Société royale et centrale d'Agriculture,

Le Comte FRANÇOIS DE NEUFCHATEAU.

www.ingramcontent.com/pod-product-compliance
Lightning Source LLC
Chambersburg PA
CBHW060201100426
42744CB00007B/1117